BILBO

Collection dirigée par
Marie-Josée Lacharité

Du même auteur chez Québec Amérique

Jeunesse

SÉRIE PETIT BONHOMME

Le Corps du Petit Bonhomme, coll. Album, 2005.
Les Images du Petit Bonhomme, coll. Album, 2003.
Les Chiffres du Petit Bonhomme, coll. Album, 2003.
Les Musiques du Petit Bonhomme, coll. Album, 2002.
Les Mots du Petit Bonhomme, coll. Album, 2002.

SÉRIE PETIT GÉANT

Le Dernier Cauchemar du petit géant, coll. Mini-Bilbo, 2007.
Le Grand Ménage du petit géant, coll. Mini-Bilbo, 2005.
Le petit géant somnambule, coll. Mini-Bilbo, 2004.
Les Animaux du petit géant, coll. Mini-Bilbo, 2003.
Le Camping du petit géant, coll. Mini-Bilbo, 2002.
L'Orage du petit géant, coll. Mini-Bilbo, 2001.
La Nuit blanche du petit géant, coll. Mini-Bilbo, 2000.
La Planète du petit géant, coll. Mini-Bilbo, 1999.
Les Voyages du petit géant, coll. Mini-Bilbo, 1998.
La Fusée du petit géant, coll. Mini-Bilbo, 1998.
L'Hiver du petit géant, coll. Mini-Bilbo, 1997.
Les Cauchemars du petit géant, coll. Mini-Bilbo, 1997.

SÉRIE NOÉMIE

Noémie 19 - Noémie fait son cinéma !, coll. Bilbo, 2009.
Noémie 18 - La Baguette maléfique, coll. Bilbo, 2008.
Noémie 17 - Bonheur à vendre, coll. Bilbo, 2007.
Noémie 16 - Grand-maman fantôme, coll. Bilbo, 2006.
Noémie 15 - Le Grand Amour, coll. Bilbo, 2005.
Noémie 14 - Le Voleur de grand-mère, coll. Bilbo, 2004.
Noémie 13 - Vendredi 13, coll. Bilbo, 2003.
Noémie 12 - La Cage perdue, coll. Bilbo, 2002.
Noémie 11 - Les Souliers magiques, coll. Bilbo, 2001.
Noémie 10 - La Boîte mystérieuse, coll. Bilbo, 2000.
Noémie 9 - Adieu, grand-maman, coll. Bilbo, 2000.
Noémie 8 - La Nuit des horreurs, coll. Bilbo, 1999.
Noémie 7 - Le Jardin zoologique, coll. Bilbo, 1999.
Noémie 6 - Le Château de glace, coll. Bilbo, 1998.
Noémie 5 - Albert aux grandes oreilles, coll. Bilbo, 1998.
Noémie 4 - Les Sept Vérités, coll. Bilbo, 1997.
Noémie 3 - La Clé de l'énigme, coll. Bilbo, 1997.
Noémie 2 - L'Incroyable Journée, coll. Bilbo, 1996.
Noémie 1 - Le Secret de Madame Lumbago, coll. Bilbo, 1996.
- **Prix du Gouverneur général du Canada 1996**

Moi, Noémie et les autres, coll. Bilbo, 2009.
Ma meilleure amie, coll. Album, 2007.
- **Prix du Gouverneur général du Canada 2008 - Illustrations**
- **Prix Alvine-Bélisle 2008**

La Nuit rouge, coll. Titan, 1998.

Adulte

Les Parfums d'Élisabeth, coll. Littérature d'Amérique, 2002.
Le Mangeur de pierres, coll. Littérature d'Amérique, 2001.

Noémie

Les Grandes Paniques

Catalogage avant publication de Bibliothèque et Archives nationales du Québec et Bibliothèque et Archives Canada

Tibo, Gilles
Les grandes paniques
(Noémie ; 20)
(Bilbo ; 185)
ISBN 978-2-7644-0770-7
I. Laliberté, Louise-Andrée. II. Titre. III. Collection : Tibo, Gilles. Noémie ; 20. IV. Collection : Bilbo jeunesse ; 185.
PS8589.I26G746 2010 jC843'.54 C2010-941333-4
PS9589.I26G746 2010

Conseil des Arts du Canada   Canada Council for the Arts

SODEC Québec

Nous reconnaissons l'aide financière du gouvernement du Canada par l'entremise du Fonds du livre du Canada pour nos activités d'édition.

Gouvernement du Québec – Programme de crédit d'impôt pour l'édition de livres – Gestion SODEC.

Les Éditions Québec Amérique bénéficient du programme de subvention globale du Conseil des Arts du Canada. Elles tiennent également à remercier la SODEC pour son appui financier.

Québec Amérique
329, rue de la Commune Ouest, 3e étage
Montréal (Québec) H2Y 2E1
Téléphone : 514 499-3000, télécopieur : 514 499-3010

Dépôt légal : 3e trimestre 2010
Bibliothèque nationale du Québec
Bibliothèque nationale du Canada

Révision linguistique : Diane-Monique Daviau et Chantale Landry
Mise en pages : Karine Raymond
Conception graphique : Nathalie Caron

www.quebec-amerique.com

Imprimé au Canada

GILLES TIBO

Noémie
Les Grandes Paniques

ILLUSTRATIONS DE LOUISE-ANDRÉE LALIBERTÉ

QUÉBEC AMÉRIQUE

-1-
La grande nouvelle

Ce matin, après une nuit formidable, c'est-à-dire une nuit sans cauchemars, je me lève de très bonne humeur. Les oiseaux chantent. Le soleil annonce une belle journée. Je m'habille en vitesse, puis je cours jusqu'à la cuisine. Mes parents me disent :

— Bonjour, Noémie !

En riant, je réponds :

— Bonjour, mes parents !

Jusqu'ici, tout va bien…

Mon père prépare mon lunch pour l'école. Il se retourne vers ma mère. Mes parents se font de

beaux sourires... Des sourires comme dans les publicités de pâte dentifrice. Tout va trop bien. Il se passe quelque chose d'anormal... Je me dis: «Noémie, détends-toi... Noémie, n'imagine rien... Noémie, tout va pour le mieux!»

J'avale un jus d'orange, qui est le meilleur jus d'orange du monde. Je commence à manger mes céréales, qui sont les meilleures céréales du monde... En terminant mon lunch, mon père se retourne et regarde ma mère avec un petit air complice, un petit air qui semble lui donner un signal. Aussitôt, ma mère me dit, le sourire aux lèvres:

—Noémie, nous avons une bonne nouvelle à t'annoncer!

J'ai une très mauvaise intuition, mais je me répète encore une fois: «Noémie, détends-toi… Tout va bien!»

La bouche pleine de céréales, je demande:

—AW WOUI? QWEST-CWE QWE C'WEST LWA BWONNE NOUWELLE?

Mon père, tout heureux, s'exclame en levant les bras au plafond:

—Eh bien, cet été, nous partons en voyage!

—EN WOYAGE? MWAIS WOÙ WALLEZ-WOUS WOYAGWER?

Comme mon père n'a rien compris, j'avale ma bouchée,

puis je demande avec ma voix normale :

— En voyage? Mais où allez-vous voyager?

Mon père répond, tout fier :

— Il ne faut pas dire « Où allez-*vous* voyager? ». Mais « Où allons-*nous* voyager? ».

Je les regarde, perplexe. Ils répondent en chœur :

— Nous allons, toute la famille, au bord de la mer!

Mon cœur bondit dans ma poitrine :

— Au bord de la mer! WOW! C'est merveilleux!

En l'espace de quelques secondes, j'imagine le bord de la mer. La table de la cuisine devient une longue bande de sable chaud. Mon bol de céréales se transforme en océan, les grains de céréales en rochers, les oranges en ballons, les assiettes en frisbees, le contenant de lait en phare…

Tout excitée, je demande à mes parents:

— Quand partons-nous?

— Dans une semaine, à la fin de ton année scolaire, répond ma mère.

Je crie «YOUPPPPIIII!», j'embrasse mes parents, puis je dis:

— Je vais annoncer la bonne nouvelle à grand-maman! J'espère qu'elle a un beau maillot de bain, un beau chapeau et de la crème solaire, parce que le soleil, ce n'est pas bon pour les rides…

Et là, au fur et à mesure que je parle, je vois les sourires de mes parents qui disparaissent. Les extrémités de leurs lèvres descendent lentement. Même leurs yeux changent de forme. Ils s'agrandissent. Ils me dévisagent, et je n'arrive pas à comprendre ce qui se passe. Un épouvantable silence envahit la cuisine. On dirait que tous les bruits du monde se sont réfugiés dans les armoires, dans les boîtes de céréales, dans les pots de confiture. Mon père devient blanc comme du lait. Ma mère aussi.

Muets comme des carpes, nous nous regardons. Je finis par balbutier :

— Mais... Quoi? Que se passe-t-il? Qu'est-ce que j'ai dit de pas correct?

Ma mère murmure :

— Noémie, nous irons en voyage... nous trois...

Devant mon air incrédule, elle ajoute :

— Nous trois... C'est-à-dire moi, toi et ton père. C'est tout !

— Et grand-maman ? Elle ne viendra pas avec nous ?

— Euh... Non. Nous partons seulement tous les trois... juste la petite famille, répond mon père.

Je n'en crois pas mes oreilles, ni mes tympans. Une double, triple, quadruple bombe nucléaire explose dans mon ventre. Mon sang circule dans mes veines à une vitesse supersonique. Des mots absolument incontrôlables sortent de ma bouche. Je dis, sans même le vouloir :

—Quoi ? Vous dites que grand-maman Lumbago ne fait pas partie de ma famille ? C'est elle qui me garde tous les jours ! C'est elle qui s'occupe de moi chaque fois que vous êtes débordés ! Et vous êtes toujours débordés, avec vos réunions et vos rendez-vous et vos travaux et vos conférences et vos ceci et vos cela ! Et vous voulez que grand-maman sèche comme un vieux pruneau pendant que nous allons nous baigner dans la mer? C'est ça que vous voulez?

Devant mes parents sidérés, je continue à parler et à parler. Je suis tellement enragée que je lance des phrases comme des boulets de canon. Des boulets terriblement efficaces. À la fin de mon discours, mes parents ont la tête rentrée dans les épaules,

les épaules rentrées dans le corps et le corps tout plié par en avant. Mais cette situation ne dure pas très longtemps.

Mon père se ressaisit. Il hausse le ton en jouant au père de famille qui reprend le contrôle de

la situation. Je connais cette tactique parce que je l'ai vue dans plusieurs films. Mon père ordonne d'une voix mal assurée :

— Noémie ! C'est assez ! Nous partons tous les trois ! Un point c'est tout !

Ma mère :

— Et ne t'en fais pas pour grand-maman...

Mon père :

— Elle va bien s'organiser...

Ma mère :

— Ce n'est pas ton problème.

Moi :

— Ah oui ? C'est le problème de qui, alors ?

Mon père, qui n'est vraiment, mais vraiment pas très doué en tactique, répond cette réponse qui n'est pas une bonne réponse à répondre dans les circonstances actuelles :

— Grand-maman n'a pas besoin de prendre de vacances ! Elle ne travaille pas... elle.

C'en est trop ! À la guerre comme à la guerre, comme on dit dans les films. Je riposte avec une grosse torpille qui devrait les ébranler :

— Grand-maman n'a pas le temps de travailler parce qu'elle s'occupe de moi... elle !

Et vlan ! L'artillerie de l'ennemi a été touchée au cœur. Mes parents sont à court de munitions, à court d'arguments. Ils n'ont plus de mots dans la bouche, seulement des dents. Mon père fixe le plafond à la recherche d'une réplique intelligente. Ma mère aussi...

Mes réponses à moi, elles sont déjà toutes prêtes. Si mon père me dit qu'il travaille très fort pour que nous ayons plus de confort, je lui répondrai que j'ai déjà tout ce qu'il faut, ici, pour être heureuse… Si ma mère rétorque qu'elle n'a pas le choix, je lui répondrai qu'elle choisit son travail plutôt que sa formidable fille…

Ma mère, dans un effort de persuasion digne des plus grands stratèges, murmure, avec ses yeux de biche attendrie :

— Mais Noémie, tu te plains toujours que nous ne faisons rien avec toi… Alors ce voyage sera l'occasion idéale pour vivre de belles expériences ensemble…

J'avoue que je suis ébranlée par la logique de ses propos enjôleurs, mais je fais mine de rien. Mon père, sentant que je vacille sur mes fondations, réplique avec beaucoup de conviction :

— Imagine ! Nous allons nous baigner dans la mer ! Nous allons faire des châteaux de sable ! Nous allons prendre des photographies et tout cela nous fera des souvenirs impérissables !

Je réponds en les fixant :

— Je veux des souvenirs impérissables… avec grand-maman sur les photographies ! Sinon, ce ne seront pas de vrais beaux souvenirs !

Mes parents ne répondent rien. Ils cherchent d'autres arguments, mais ils n'en trouvent pas. Moi, je suis de plus en plus furieuse contre eux. Et quand je dis furieuse, c'est seulement parce qu'il n'existe pas de mot encore plus… encore plus… furieux que furieux. Je suis tellement déçue par leur attitude que je cours jusqu'à ma chambre en criant :

—VOUS NE COMPRENEZ RIEN !

Je me lance sur mon lit :

—VOUS N'AVEZ JAMAIS RIEN COMPRIS !

Puis, je cache ma tête sous mon oreiller en rageant :

—ET DE TOUTE FAÇON, VOUS NE COMPRENDREZ JAMAIS RIEN À RIEN !

Habituellement, lorsque je fais une crise, mes parents viennent me rejoindre dans ma

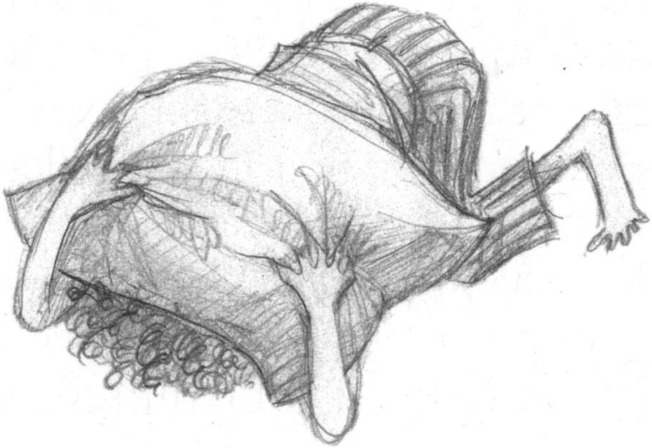

chambre au bout de dix secondes. Je compte dans ma tête. Je suis rendue à trente-six secondes et personne ne vient me consoler.

Ma tactique n'a pas fonctionné. Ça ne se passera pas comme ça ! Je quitte mon lit, quitte ma chambre et, en tapant du talon, je retourne à la cuisine. Mon père consulte son agenda en faisant mine de rien. Ma mère lit le journal... Je ne suis pas folle, je sais bien qu'ils font semblant de ne pas me voir. Alors, je m'assois à la table, je croise les bras et j'attends en faisant la pire grimace que ma bouche puisse faire. Sans même lever les yeux, mon père dit, les dents serrées :

— Noémie, il ne sert à rien de bouder, je ne changerai pas d'idée.

Ma mère ne dit rien, mais elle devient toute raide sur sa chaise, ce qui veut dire qu'elle ne changera pas d'idée, elle non plus. Alors, je commence à taper du pied sur le plancher pour leur signifier que moi non plus je ne changerai pas d'idée.

Nous restons tous les trois sur nos positions. De temps à autre, ma mère tourne les pages du journal et mon père écrit des choses dans son agenda.

Les minutes passent…

J'en ai assez ! Je vais chercher mon sac à dos dans ma chambre, puis je reviens en lançant :

— Je connais un mot de trois lettres, un mot qui fait plaisir à entendre et que vous n'êtes jamais capables de prononcer. Et ce petit mot de trois lettres, c'est « OUI »… Vous avez juste à dire « oui, grand-maman vient avec nous », et il n'y a plus de problème.

— NON ! répond mon père, les lèvres serrées.

— NON ! répond ma mère en se raidissant encore plus.

Mon père ajoute, en appuyant sur chacun des mots :

— Écoute-moi bien, Noémie. Je peux comprendre ta déception, mais nous n'avons pas le choix. Les réservations sont déjà faites ! Nous partons tous les trois ensemble, ta mère, moi et toi. Un point c'est tout. Est-ce que tu m'as bien compris ?

Je ne réponds pas.

— Noémie, est-ce que c'est clair ? répète mon père, qui se prend pour un caporal de l'armée.

Je ne réponds rien, car je réfléchis. Et plus je réfléchis, plus je suis déçue. En faisant claquer mes talons sur le plancher, je quitte la cuisine. Ce matin, je n'embrasse pas mes parents. Je ne leur dis pas « Au revoir, à ce soir ». Je me lance dans le corridor avec mon sac à dos, puis je sors de la maison en faisant vibrer la porte sur ses gonds.

Mes parents ne le savent pas encore, mais nous partirons en vacances tous les quatre... Je le jure sur la tête de ma belle grand-maman Lumbago!

-2-
La valise rouge

Une fois rendue sur le trottoir, je me calme un peu. Je regarde le ciel et je vois une immense famille d'oiseaux qui volent ensemble, ensemble sans oublier personne. Je regarde une famille d'écureuils. Ils marchent les uns derrière les autres. De l'autre côté de la rue, je vois une chatte avec ses quatre chatons. Sur le trottoir, trottinent des familles de fourmis... Dans l'herbe, des chenilles se suivent à la queue leu leu... C'est vraiment incroyable, il y a des familles partout!

Avant de me rendre à l'école, je me lance dans l'escalier qui mène chez grand-maman. Je saute sur le balcon. J'ouvre la porte et là, je manque de perdre connaissance. J'aperçois grand-maman dans le corridor, une vieille valise à la main.

—Grand-maman, qu'est-ce que vous faites?

—Rien…

—Partez-vous en voyage?

—Mais non!

—Mais alors, qu'est-ce que vous faites?

—Mais rien, Noémie…

—Vous voyagez avec une vieille valise rouge de la cuisine au salon puis de la salle de bain à votre chambre à coucher?

Grand-maman soupire. Elle trottine jusque dans la cuisine, dépose la valise sur la table et l'ouvre en disant:

—Mais non, Noémie. C'est une valise dans laquelle je garde mes souvenirs et ce matin, j'ai décidé de faire un peu de ménage...

—Vous faites du ménage dans vos souvenirs?

—Oui, de temps à autre!

—Pourquoi?

—Mon Dieu Seigneur, pour faire de la place aux nouveaux...

—Aux nouveaux quoi?

—Aux nouveaux souvenirs!

Je ne comprends rien. Je n'ai pas de vieux souvenirs, moi! Je suis toute jeune! Je lui demande:

—C'est quoi, des nouveaux souvenirs?

Grand-maman se penche sur sa valise:

—Tu vois, ici, dans le fond, ce sont mes très vieux souvenirs, mes souvenirs d'enfance... Ici, dans le milieu, ce sont mes souvenirs de... du milieu de ma vie... et ici, ce sont de nouveaux souvenirs.

Ma grand-mère est vraiment étrange. J'examine attentivement l'intérieur de la valise. Elle est remplie d'objets disparates... Certains sont emballés dans de vieux journaux, d'autres sont entassés pêle-mêle.

Je m'empare d'une petite boîte dans la région des nouveaux souvenirs. Je l'ouvre et j'aperçois toutes sortes de photographies de moi : Moi bébé. Moi qui fais mes premiers pas. Moi dans les bras de grand-maman… Moi… Moi… Moi…

Je regarde grand-maman qui ne dit rien. Elle m'observe avec un petit sourire malicieux. J'ouvre une autre boîte placée elle aussi dans la région des nouveaux souvenirs. J'y découvre des mèches de cheveux frisés… Des cheveux exactement comme les miens… Je n'en reviens pas.

— Grand-maman, si je comprends bien, vos nouveaux souvenirs, ce sont… c'est moi?

— Eh oui, murmure-t-elle en me prenant dans ses bras. Tu fais partie de ma vie depuis seulement sept ans et trois quarts et j'ai déjà tout plein de souvenirs heureux en ta compagnie.

Je suis tellement surprise que je ne sais plus quoi dire… La gorge serrée, je demande, comme ça, subtilement :

— Grand-maman, est-ce que vous aimeriez partir en voyage… avec moi, un jour?

Grand-maman répond en caressant mes cheveux :

— Mais, Noémie, chaque jour est un voyage avec toi!

— Non, je veux dire, un vrai voyage pour vrai, un voyage en

voiture, en train, en avion… en fusée!

—Mon Dieu Seigneur, bien sûr que j'aimerais ça! Pourquoi me demandes-tu ça?

—Pour rien… Pour rien…

Afin de me changer les idées, je prends une petite boîte bleue dans la région des vieux souvenirs… Je l'ouvre. Je soulève une bande ouatée et je découvre un super beau collier de perles.

—WOW! Grand-maman! Mais il est donc bien beau!

Les yeux de grand-maman deviennent humides. D'une voix étranglée par l'émotion, elle dit:

—Oui, c'est un collier que monsieur Lumbago m'avait offert… il y a très, très longtemps, pour notre mariage…

— Wow ! Est-ce que… Est-ce que je peux?

En retenant ses larmes, grand-maman me fait signe que oui. Elle attache le collier à mon cou. Je cours jusqu'à la salle de bain et je m'admire dans la glace. Incroyable ! Je ressemble à une princesse.

De retour à la cuisine, je jette un œil aux aiguilles de la grande horloge. OUPS ! L'école débute dans quatre minutes et vingt-sept secondes. Mais ce matin, je n'ai vraiment pas le goût d'y aller. J'aimerais découvrir tout ce qu'il y a dans cette valise. Je me laisse tomber sur une chaise et je me plie en deux en serrant les dents :

— Oh, grand-maman… comme j'ai mal au ventre !

Elle me regarde du coin de l'œil et continue de fouiller dans sa valise, exactement comme si je n'avais rien dit.

—Oh, grand-maman, maintenant j'ai tellement mal à la tête!

Grand-maman soupire, épie l'horloge et continue de ne pas s'intéresser à ma situation, qui est pourtant excessivement dramatique.

—Oh, grand-maman, j'ai des frissons partout. Je crois que je fais ééénnnooormément de fièvre.

Ma grand-mère fixe l'horloge et soupire, sans même me regarder:

—Bon, Noémie, il te reste deux minutes pour te rendre à l'école! Si ça peut t'encourager, tu peux garder le collier pour aujourd'hui... Mais tu y fais très attention ! Tu le laisses sous ta blouse pour ne pas attirer les regards indiscrets... Promis ?

— Euh... oui, promis ! Est-ce qu'il vaut cher?

— Mon Dieu Seigneur, je l'ignore, probablement quelques centaines de dollars !

— WOW ! C'est beaucoup d'argent, ça ! J'y ferai attention comme à la prunelle de mes yeux !

J'embrasse ma grand-mère. Je cache le collier sous le col de ma blouse puis je me sauve en criant :

— À ce soir ma belle grand-maman d'amour en perles dorées trempées dans de l'or et en diamants plus brillants que le soleil !

Je descends l'escalier en survolant les marches. Je bondis sur le trottoir et je cours vers l'école. À chacune de mes enjambées, je sens le collier qui sautille dans mon cou. Je suis la plus grande princesse coureuse de toute l'histoire du monde. Tout va bien, je cours et je cours et je cours. Le trottoir est dégagé. Il n'y a aucun obstacle. Le ciel est bleu. Mais, arrivée devant l'école, comme si je n'avais pas assez de problèmes aujourd'hui avec mes parents et avec le voyage, un autre drame survient ! Une perle, puis une deuxième, puis une troisième glissent dans mon dos !

Panique !

-3-
Les perles

Je cesse de courir d'un coup sec. Des perles dégringolent et bondissent sur le trottoir comme des dizaines de petits ballons blancs. Des petits ballons blancs qui roulent dans tous les sens. Le collier est brisé !

Je m'agenouille. En panique, je commence à ramasser les perles. Et tout à coup, DRIIIING ! La cloche de l'école annonce le début des cours. En vitesse, je fouille dans l'herbe. Je ratisse le bord du trottoir. Je vérifie partout, et partout où je regarde, je vois des perles. Avant de les mettre en sécurité dans les poches de mon pantalon, je vérifie… Malheur ! Les poches sont trouées.

—C'est pas vrai ! C'est pas vrai !

Je pense tout de suite à les déposer dans mon sac à lunch… Mais je suis partie tellement vite de la maison que je n'ai même pas pensé à mon lunch. Tout va mal et je suis super angoissée à l'idée de perdre une seule perle du beau collier de grand-maman.

Je fouille dans mon sac à dos. Je m'empare de mon étui à crayons. J'y dépose toutes les perles que je trouve. J'en ramasse dans les fentes du trottoir, dans de petites crevasses qui

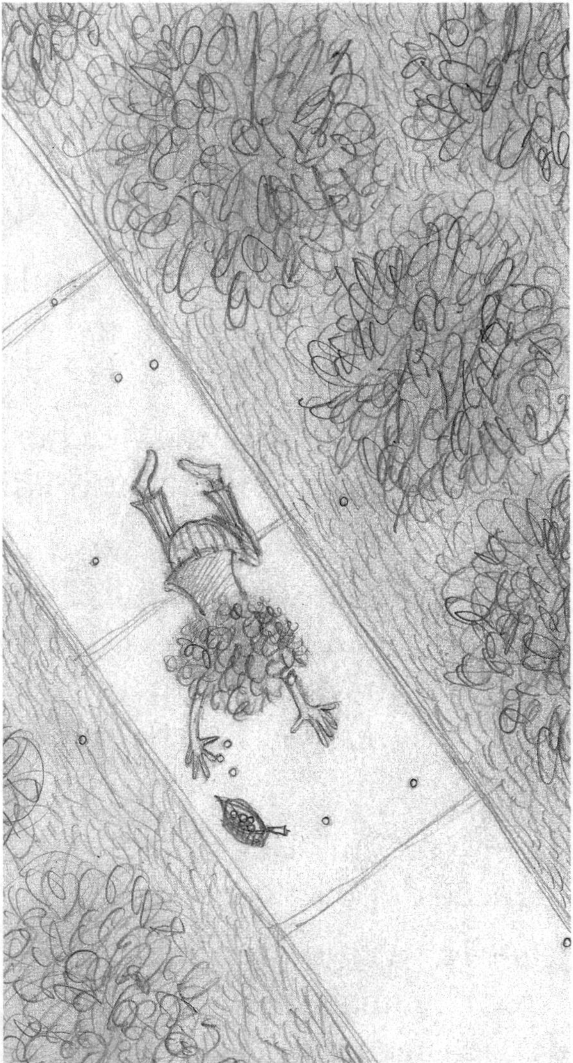

contournent le poteau électrique, derrière la borne-fontaine… Tout à coup j'entends une fenêtre s'ouvrir et une voix crier :

— Noémie ! Que fais-tu là ?

Je relève la tête et j'aperçois la directrice de l'école qui me regarde avec un air sévère.

— Euh rien, madame ! Je cherche… quelque chose que j'ai perdu !

La fenêtre se referme d'un coup sec. VLAN ! Une seconde et demie plus tard la porte de l'école s'ouvre. La directrice fonce vers moi.

— Noémie ! L'école est commencée depuis dix minutes !

— Je sais, je sais, madame la directrice, mais c'est une question de vie ou de mort. J'ai perdu les perles d'un collier qui appartient à ma grand-mère. C'est un souvenir de son mariage dans son ancienne vie. Je préfère mourir que de lui annoncer ça…

Complètement paniquée, je me relève. Je montre les perles à la directrice. En les voyant, elle écarquille les yeux et me pose cette surprenante question :

— Es-tu certaine que ce sont de vraies perles ?

— Bien sûr que oui ! Ma grand-mère, elle n'a rien de faux !

La directrice fouille dans mon étui à crayons. Elle prend une perle, l'examine avec attention et me dit cette deuxième phrase surprenante :

— Ne bouge pas ! Je reviens tout de suite avec du renfort.

Elle se précipite dans l'école pour revenir, quarante-quatre secondes plus tard, accompagnée de douze grands élèves de sixième année. Je n'en reviens pas. Elle fouille encore dans mon étui, montre une perle aux garçons et leur dit :

— Messieurs, voilà ce qu'il faut trouver !

Ils se lancent à la recherche des perles. Ils fouillent partout... et ils en trouvent beaucoup.

C'est incroyable. Après dix minutes de recherches, ils se relèvent et viennent déposer les perles dans mon étui. Fiou ! Un problème de réglé ! Je dis :

— Merci les gars... vous êtes... vous êtes formidables !

En levant le menton, la directrice nous fait signe de retourner à l'école. Sans dire un mot, les chercheurs de perles disparais-

sent derrière une porte. Moi, accompagnée par la directrice, j'entre dans ma classe. Je vais m'asseoir à ma place, sans regarder personne, sans dire un mot. Du coin de l'œil, j'aperçois mes amies Roxanne et Mélinda qui me dévisagent avec un air qui veut dire « Noémie, qu'est-ce qui se passe? ».

Je ne réponds rien. Ce serait trop long à expliquer, mais pendant que le professeur parle, moi, je fais semblant d'écouter. Premièrement, je pense à mes parents qui veulent prendre des vacances en abandonnant ma bonne grand-maman Lumbago. C'est une situation tellement déprimante que j'en ai le cœur brisé et le cerveau en guimauve... J'essaie de me calmer en me concentrant sur le collier brisé. J'ouvre mon étui à crayons, trouve le fil tout au fond et je commence à enfiler les perles. J'en enfile exactement quatre-vingt-quinze… Et là, à la fin, je manque de perdre connaissance. Non ! C'est pas vrai ! Il manque cinq perles pour compléter le collier.

Je veux disparaître ! N'importe où, mais le plus loin possible.

-4-
Les colliers

Je pense à la double peine de grand-maman lorsque je lui annoncerai qu'elle ne viendra pas en voyage et que j'ai perdu des perles de son collier. Pendant la première récréation, pendant l'heure du dîner, puis pendant la deuxième récréation, je me précipite devant l'école. En compagnie de Roxanne et Mélinda, je cherche les cinq perles manquantes. Nous nous retrouvons aussi après l'école. Nous cherchons partout, mais nous ne trouvons que des boutons, des bouts de macarons, des boulons, des restes de bonbons… vraiment rien de bon!

Après douze minutes trente-cinq secondes de recherches infructueuses, Mélinda s'écrie:

—Noémie! Attends-moi ici, je crois que j'ai trouvé une solution!

Roxanne me quitte en criant de son côté:

—Noémie, ne bouge pas, je reviens tout de suite!

Je reste seule comme une belle poire en plein milieu du trottoir.

Deux minutes plus tard, Roxanne revient en courant. Elle me dit, tout essoufflée:

—Han… Han… Noémie, regarde. Han… Han… J'ai ici un vieux collier de perles… Han… Han… que ma grande sœur portait pour l'Halloween... Han.... Han... On pourrait ajouter des perles au collier de ta grand-mère!

En vitesse nous comparons les perles des deux colliers. Elles ne sont ni de la même grosseur, ni de la même couleur... Grand-maman verrait tout de suite la différence et ce serait la catastrophe.

Mélinda arrive en courant. Toute fière, elle nous montre un très long collier de perles qui, paraît-il, appartenait à une de ses vieilles tantes. En apercevant le collier, Roxanne s'exclame:

— Ce sont des perles de plastique! Ça se voit tout de suite!

— Mais non, s'exclame Mélinda, ce sont de vraies perles!

—Alors, ce sont de vraies perles de plastique!

—Bon, les filles, calmez-vous!

Je compare les perles du collier de grand-maman avec celles du collier de la tante de Mélinda.

La couleur et la grosseur ne concordent pas. La différence est incroyable.

Je suis super découragée.

Mes deux amies consultent chacune leur montre. Puis elles me saluent et me quittent en disant :

—Bon, Noémie, si nous avons une bonne idée, nous allons t'appeler !

Je reste, encore une fois, toute seule sur le trottoir. Je ne sais plus quoi faire pour retrouver les cinq perles manquantes. J'essaie de penser à des inventions, des machines pour retrouver de petits objets ronds et blancs, mais je suis tellement malheureuse que mon imagination ne fonctionne pas…

À pas de tortue, je marche vers la maison en me demandant comment je vais annoncer la mauvaise nouvelle à ma grand-mère : « Grand-maman, un malheur est arrivé… Grand-maman, c'est la fin du monde… Grand-maman, cinq perles, est-ce que ça vaut très cher? » Et là, en pensant au mot « cher », il me vient une idée géniale. Je tourne les talons et je change de direction.

Plutôt que de me rendre chez moi, je cours jusqu'à la rue Principale. Je regarde défiler les boutiques et je me précipite sur la porte du premier bijoutier que je vois. Mais la porte ne s'ouvre pas. BANG ! Je me cogne le front contre la vitre. Le choc est si fort et la surprise tellement… surprenante, que je rebondis, perds l'équilibre et tombe sur le trottoir. Des étoiles de toutes les couleurs tournent autour de ma tête. Ce n'est vraiment pas mon jour de chance : la bijouterie est fermée. Au-dessus de moi, j'entends une dame me demander :

— Est-ce que ça va, fillette ?

— Oui... Oui, ça va très bien, mal !

Je me relève et m'appuie contre la vitrine de la bijouterie. La dame ajoute :

— Oh, mais tu as une bosse sur le front ! Tu es certaine que ça va ?

— Oui, oui, ça va. J'ai régulièrement des bosses sur le front...

Je ne suis quand même pas pour expliquer à une pure étrangère que je me frappe souvent la tête contre toutes sortes de choses… Et là, un long frisson me parcourt le corps. Tandis que la dame se penche vers moi, j'aperçois un collier de perles autour de son cou. Je n'en reviens pas. Je réfléchis à la vitesse de la lumière, puis je dis :

— Bon, madame, pour être très franche, ma vie est un véritable cauchemar. Mes parents ne veulent pas emmener ma grand-mère au bord de la mer. Et en plus, je viens de briser son beau collier de perles.

En expliquant la situation, je m'empare d'une des perles de grand-maman et je l'approche du collier de la dame. Incroyable ! Les perles sont de la même grosseur et de la même blancheur !

Comme la bijouterie est fermée et comme je n'ai pas une seconde à perdre, je dis :

— Gentille madame, afin de sauver une jeune fille d'une mort certaine, auriez-vous la gentillesse, l'amabilité, l'obligeance de lui donner cinq perles de votre collier?

La dame me regarde avec stupéfaction. J'ajoute avec mon plus beau sourire et mon air le plus mignon :

— Cinq petites perles, ce n'est rien pour vous... et vous me sauveriez la vie !!!

Voyant la dame reculer en tenant son collier, j'ouvre mon sac à dos et j'ajoute, pour la convaincre :

— En échange, je pourrais vous donner une belle règle, de

beaux cartables, un bel étui à crayons, un paquet de gommes à mâcher… et, euh… quelques belles boulettes de papier!

La dame, qui n'en croit pas ses oreilles, recule de plus en plus. Elle tourne les talons et s'éloigne sans dire un mot. Et moi, encore une fois, je me retrouve toute seule sur le trottoir. La panique s'empare de mon cerveau.

-5-
Dans la bijouterie

En tremblant, je m'agenouille sur le trottoir et je commence à replacer toutes mes choses dans mon sac à dos. Je me relève. Je ne sais plus quoi faire. Je pense à mes parents qui n'ont pas d'allure. Je pense à grand-maman qui aura le cœur brisé comme son collier et, pendant que mon cerveau déraille, un homme s'approche de la porte du bijoutier. Il appuie le bout de son index sur une sonnette que je n'avais pas remarquée. Trois secondes plus tard, un gros BZZZ se fait entendre. La porte s'ouvre toute seule. L'homme s'engouffre dans la boutique.

Je ne prends même pas le temps de me demander si l'étranger est un voleur de bijoux, un fraudeur ou un filou. Sans réfléchir, je me précipite dans la bijouterie. Le client salue le bijoutier et ils commencent à parler ensemble de toutes sortes de choses, comme le prix du diamant brut, le cours de l'or qui ne cesse de monter, et la Bourse qui se promène de haut en bas... Je n'y comprends rien. Pendant que les deux messieurs papotent, moi, complètement émerveillée, je contemple les murs de la bijouterie qui sont remplis de tablettes, qui sont remplies de bijoux, qui sont remplis de diamants, qui sont remplis d'étincelles. C'est incroyable! Partout, partout, partout, des bijoux brillent! Partout, partout, partout, des colliers de perles sont étalés dans des vitrines. Il n'y a pas d'erreur: je suis au bon endroit pour régler mon problème.

En m'apercevant, le bijoutier, qui porte une paire de lunettes surmontée d'une grosse loupe, cesse de parler à son comparse. Il se penche au-dessus du comptoir:

— Oui, jeune fille?

Prenant mon courage à deux mains, je lui fais signe de se pencher un peu plus. Je lui murmure à l'oreille:

— J'ai quelque chose de très confidentiel à vous demander...

Il se relève et me fait signe d'attendre. Après avoir terminé sa conversation avec l'autre monsieur, il lui serre la main, lui dit au revoir et revient vers moi.

Lorsque je suis enfin seule avec le bijoutier, j'ouvre mon étui à crayons et je lui montre les perles :

— Voici la situation telle qu'elle se présente, monsieur le bijoutier. Il me faut cinq perles comme celles-là pour compléter un collier. Est-ce possible ?

De ses doigts très fins, le bijoutier saisit une perle, la place devant sa loupe et me dit :

— Oh ! Oui, jeune fille, c'est tout à fait possible !

Je bondis de joie dans la boutique. Tout heureuse, je dis :

— Bon, alors, je vais en prendre cinq !

— Euh... il y a juste un problème.

— Lequel?

— Chaque perle vaut mille dollars exactement!

— Com... Com... Combien?

— Chaque perle de ce collier vaut mille dollars... Donc cinq perles à mille dollars chacune, cela représente la rondelette somme de cinq mille dollars!

— Vous... Vous êtes certain?

— Absolument! Ce sont de vieilles perles de très grande qualité! D'où vient ce collier?

— Euh... de ma belle grand-maman d'amour en chocolat!

— Ah!

Je réfléchis, mais je ne trouve pas de solution à mon problème. Où trouver cinq mille dollars, comme ça, en criant ciseaux? Je n'ai que douze dollars dans mon cochonnet. Combien de verres de limonade à un dollar, combien de dessins à dix dollars devrais-je vendre pour amasser cinq mille dollars?

Pendant que le bijoutier me regarde réfléchir, je fais une multiplication dans ma tête et je me dis que le collier de grand-maman vaut au moins cent mille dollars! Incroyable! C'est… C'est… C'est un véritable trésor!

En super double panique, je balbutie:

—Euh, monsieur le bijoutier, vous n'auriez pas des perles semblables qui coûteraient presque rien?

—Malheureusement non. De vraies perles, ce sont de vraies

perles ! Même un amateur verrait la différence ! Regarde !

Il se tourne, prend une petite boîte de carton derrière son comptoir, et il l'ouvre pour me montrer un paquet de fausses perles. Elles sont toutes blanches, mais aucune ne possède le même éclat que les perles de grand-maman.

Même si je suis en état de panique avancée, il me vient soudainement une autre idée. Je prends mon air le plus misérable pour demander au bijoutier :

— Auriez-vous la gentillesse de me donner gratuitement et sans aucune obligation de ma part, cinq perles qui ne valent rien ?

— Pour en faire quoi ?

— Rien, juste pour jouer.

Le bijoutier me sourit:

— Allez! Vas-y! Choisis celles que tu veux. De toute façon, elles ne valent absolument rien!

Je choisis cinq fausses perles de la même grosseur que celles du collier de grand-maman. Le bijoutier me donne un petit sac transparent. J'y dépose les perles, puis je place le sac dans mon

étui à crayons. Je remercie le bijoutier. Je me dirige vers la porte. J'essaie de l'ouvrir… mais elle ne s'ouvre pas !

Triple panique ! J'en suis certaine, le bijoutier veut me voler le collier de cent mille dollars !

Quadruple panique ! J'ai tellement peur que je commence à suer à grosses gouttes. Je tremble de partout.

-6-
La gouache

En écarquillant les yeux de terreur, je fixe le bijoutier. Il me fait un large sourire, un sourire que je n'arrive pas à comprendre. Il appuie sur un bouton caché sous le comptoir. Ça y est. Je suis certaine que c'est un piège. Le plancher va s'ouvrir. Je vais tomber dans un labyrinthe sans fin et sans fond…

Juste au moment où j'essaie de m'agripper à un comptoir, j'entends un gros BZZZ qui provient de la serrure de la porte. Comme un animal sauvage qui entrevoit l'ouverture de sa cage, j'aperçois la porte de la bijouterie qui s'ouvre toute seule. Le cœur au galop, je me lance vers la sortie. Je me précipite sur le trottoir. Emportée par mon élan, je bifurque sur le côté pour éviter un piéton, ensuite une poussette, ensuite un vélo. Ensuite plus rien. La voie est libre. Je cours sur le trottoir. Je cours, je cours, je cours tellement vite qu'aucun voleur de collier ne pourrait me rattraper!

Je cours, je cours, mais entre deux enjambées, j'ai enfin le temps de réfléchir. En réfléchissant, je ralentis, ralentis, ralentis la cadence. Je regarde à gauche, à droite. Puis je ralentis encore. Je marche très lentement en épiant les coins de rue, les trottoirs et les ruelles de mon quartier. J'espère ne pas rencontrer ma belle grand-maman. Elle verrait que son collier n'est plus à mon cou... Elle me poserait des questions et... et... ce serait la fin du monde...

Alors, en catimini, en me faufilant d'un arbre à l'autre, d'un poteau électrique à l'autre, je m'approche de la maison. Grand-maman n'est pas dans les alentours. À pas de loup, je m'avance vers la porte de chez moi. Fiou ! Je ne vois pas grand-maman. Je fais tourner la clé, lentement, très lentement pour que personne n'entende le bruit de mes clés. Mais il me semble que le petit clic que fait la serrure résonne dans toute la galaxie.

À pas feutrés, j'entre chez moi.

Fiou!

Personne!

Mes parents ne sont pas revenus du travail. Excellent! Je vais pouvoir m'occuper des cinq perles en toute tranquillité. Mais, avant, je dois parler à grand-maman qui doit m'attendre, en haut, chez elle, devant un grand verre de lait et des biscuits. Je me racle la gorge. J'avale un peu de salive. Le cœur battant, je décroche le combiné. Je compose le numéro. La sonnerie résonne une fois, deux fois, trois fois... Soudain grand-maman me répond:

—Bonjour, ma petite perle rose!

—Euh, bonjour... Comment avez-vous deviné que c'était moi?

— Ma chère Noémie, grâce à mon instinct de grand-maman, je sais toujours où tu es et ce que tu fais... Surtout lorsque tu marches du talon!

Puis elle se met à rire:

— Hi... Hi... Hi... et Ha... Ha... Ha...

Je suis certaine qu'elle va me parler du collier. Afin de lui changer les idées et de brouiller les pistes, je lance cette série de phrases:

— Belle grand-maman! Je n'ai pas le temps de monter vous voir! Je n'ai pas le temps de vous parler! J'ai beaucoup de travaux scolaires! Des choses à étudier! J'ai besoin de tranquillité! Le serin pourrait me déconcentrer! Le chat pourrait me troubler! Je soupe avec mes parents! Je vous rappelle à un moment donné!

Ma tactique fonctionne à merveille. Un peu éberluée, elle répond:

—Euh... Bon... D'accord... Étudie bien, ma chérie d'amour en chocolat fondant bordé de magnifiques perles roses et...

Je raccroche tout de suite pour ne pas qu'elle me parle du collier. Je dois régler ce problème le plus rapidement possible et je sais très bien ce que je dois faire. Je me précipite vers ma chambre, je referme la porte derrière moi, je lève les yeux et là, je manque de tomber dans les pommes. Mes yeux, en apercevant ce qu'ils aperçoivent, ne réussissent pas à croire ce qu'ils voient. Je recommence. Je veux

dire que je remarque intensivement ce que je vois et mon cerveau, qui n'en croit pas ses yeux, n'en revient pas et me fait réfléchir à des choses auxquelles je ne veux pas... Je sais que je m'exprime mal... Mais c'est encore pire dans ma tête que dans mes mots qui ne peuvent exprimer clairement ce que mes yeux constatent.

Je ferme les paupières. Les ouvre à nouveau... Non! C'est pas vrai! Mes parents n'ont pas fait ça?

Mes parents, mes propres parents à moi, Noémie... ils ont collé des affiches partout sur les murs de ma chambre. Sur les images, on peut voir des gens qui se baignent dans la mer, des gens qui se font bronzer... Des gens qui construisent des châteaux de sable… Je n'en reviens pas! Mes parents ont décidé d'attaquer en grande! Mais je ne me laisserai pas faire. Il n'est pas question de partir en voyage sans ma belle grand-maman Lumbago!

Avant de régler mon problème avec les perles, je décroche chacune des affiches. Je m'empare d'un gros crayon feutre et, sur chacune des images, je dessine une grand-mère… Une grand-mère qui joue dans les vagues, qui marche sous une ombrelle, qui boit un jus, qui sourit de toutes ses dents. Bon, je l'avoue, je ne suis pas très douée pour le dessin, mais une chose est certaine: mes parents vont très bien comprendre le message.

J'emporte les affiches dans la chambre de mes parents et je les recolle sur les murs, au-dessus de leur lit, sur la porte de leur garde-robe, sur le grand miroir… Puis, pour être certaine que le message soit bien compris par mes parents, j'ajoute, au feutre rouge, des slogans tels : C'EST BIEN MIEUX AVEC GRAND-MAMAN ! LE SOLEIL EST PLUS CHAUD AVEC GRAND-MAMAN ! Et celui-ci, dont je suis assez fière : GRAND-MAMAN EST MON SOLEIL !

Bon, mais ce n'est pas tout. Je suis complètement débordée, aujourd'hui ! Il me reste un gros problème à résoudre : le problème des cinq perles manquantes. Je retourne dans ma chambre, ferme la porte et m'installe à mon bureau. Je place les cinq

le voyage avec grand-maman
VIVEZ AU SOLEIL AVEC
VOYAGES DU TONNERRE ENR

fausses perles devant moi, ainsi qu'une vraie perle à mille dollars.

Je saisis mon ensemble de gouache et commence à mélanger du blanc avec un soupçon de jaune. Après dix minutes de mélange, j'arrive à trouver un blanc crémeux qui ressemble à celui des perles du vrai collier. Alors, avec beaucoup, beaucoup d'application, et aussi avec un tout petit pinceau, je repeins les fausses perles. C'est merveilleux ! C'est extraordinaire ! C'est fabuleux ! Je suis un génie ! Une génie ? En tout cas, un être extraordinaire ! Les cinq fausses perles qui ne valent rien ressemblent exactement aux autres perles qui valent une fortune !

Pendant que la peinture sèche, je me dis que je pourrais peindre toutes sortes de choses avec de la peinture qui ressemble à la couleur des perles. Ce serait beau, un vélo en perle ! Un bureau en perle ! Je pourrais même repeindre toute ma chambre… J'aurais alors l'impression d'habiter dans une grosse perle et je pourrais aussi repeindre l'automobile de mon père, comme s'il se promenait dans une perle mobile…

Mais je n'ai pas le temps d'imaginer d'autres façons d'utiliser ma peinture-lu-re-lu-re ! J'entends tout à coup la porte d'entrée s'ouvrir puis se refermer. Mon père ou ma mère revient du travail. Attablée à mon bureau, je ne dis pas un mot. J'entends les craquements du plancher. Quelqu'un passe devant ma porte fermée et se dirige vers la cuisine. J'imagine mon père ou ma mère qui s'arrête devant sa chambre et qui aperçoit les affiches que j'ai recollées et barbouillées. GLOUP ! J'entends les pas revenir vers ma propre chambre. RE-GLOUP... J'imagine déjà l'interminable discours que je vais me farcir. (Ça, c'est une expression que j'ai entendue dans un film. Fin de la parenthèse.)

Étrangement, tout ce que j'entends c'est un petit TOC! TOC! délicat contre la porte de ma chambre. Je ne comprends plus rien. Je m'approche et demande :

— Qui est là ?

J'entends la voix de grand-maman :

— C'est moi, Noémie. Est-ce que ça va ?

Je n'en crois pas mes oreilles. Grand-maman est de l'autre côté de la porte ! De ma porte ! Son collier est tout défait dans mon étui à crayons ! Et les cinq fausses perles sont en train de sécher ! Complètement paniquée, je réponds sur le ton le plus neutre possible :

— Tout va bien, ma belle grand-maman d'amour en chocolat. Je fais mes devoirs, des devoirs secrets ! Personne n'a la permission d'entrer dans ma chambre !

Grand-maman ajoute :

— C'est quoi, toutes ces affiches de voyage dans la chambre de tes parents ?

— Je… euh… Je ne sais pas…

— Noémie, j'ai l'impression que tu me caches quelque chose !

— Moi, mais non, voyons donc ma belle grand-maman !

Après quelques secondes de silence, grand-maman murmure cette phrase qui me scie les jambes :

— Bon, Noémie, j'ai terminé le ménage de ma valise rouge… Je voudrais ranger le collier que je t'ai prêté ce matin.

Je ne sais plus quoi dire, quoi faire, je suis coincée comme un… comme une… je suis tellement énervée que je ne sais même plus comment je suis coincée. J'essaie de gagner du temps :

— Grand-maman, présentement, je fais mes devoirs et je ne dois pas me faire déconcentrer par quoi que ce soit !

— Mon Dieu Seigneur, Noémie, je veux juste le collier, il n'y a rien de déconcentrant là-dedans !

— Impossible, grand-maman !

— Comment ça, impossible ?

Je place mes deux pieds à la base de la porte pour ne pas qu'elle s'ouvre puis, à deux mains, je m'agrippe à la poignée pour ne pas qu'elle tourne. Je dis :

— Impossible d'ouvrir la porte ! Elle est coincée !

De l'autre côté, grand-maman essaie de tourner la poignée, mais je suis tellement stressée que mes mains, mes bras, mon corps tout entier devient plus raide qu'une barre de fer. La poignée ne tourne pas. Après quelques tentatives, grand-maman ajoute cette autre phrase qui me scie les deux bras, les deux oreilles, les deux coudes :

— Noémie, tes parents devraient arriver d'une minute à l'autre pour te délivrer. En

attendant, tu peux sûrement faire glisser le collier sous la porte, je crois qu'il y a assez d'espace!

Là, je n'en peux plus. On dirait vraiment que ma grand-mère fait exprès pour me faire enrager. À court d'arguments, je réponds:

— Bon, là, grand-maman, encore deux secondes et je serai complètement déconcentrée! Je vais rater mes devoirs. Je vais couler mes examens. Je vais doubler mon année scolaire, et... et j'arriverai avec une année de retard à l'université!

— Bon! Bon! Ça va, Noémie! Je vais appeler ton père pour lui dire de se dépêcher. Tu m'apporteras le collier ce soir... Bye!

— Bye, grand-maman!

Fiou, de fiou, de re-fiou, de re-re-re-fiou ! J'entends les pas s'éloigner. La porte d'entrée s'ouvre et se referme. Je relaxe une seconde, deux secondes, trois secondes. En relaxant, je regarde les cinq fausses perles que j'ai peintes avec de la gouache. Panique ! En séchant, la couleur est devenue plus foncée que la couleur des vraies perles ! Même un aveugle verrait la différence… Je ne sais plus que faire… Mon imagination est engluée dans le fond de mon cerveau. C'est la pire des pires des pires journées de toute ma vie de Noémie !

-7-
Les grandes négociations

Pendant que je réfléchis à tous mes problèmes, j'entends tout à coup la porte d'entrée s'ouvrir puis se refermer. Puis, j'entends la voix de ma mère demander :

— Noémie, ta porte est bloquée ?

— Oui !

La poignée tourne. La porte s'ouvre. Mon père dit :

— Mais voyons ! Qu'est-ce qui se passe ? Grand-maman vient de nous appeler pour nous dire que tu étais coincée dans ta chambre !

Sans même me retourner, j'explique à mes parents que le problème est réglé, que je fais mes devoirs et que je ne veux être dérangée sous aucun prétexte. Exactement comme si je n'avais rien dit, ma mère s'approche et dépose sur mon bureau trois dépliants d'agence de voyages. De beaux dépliants, couverts de magnifiques images de couchers de soleil, d'enfants qui jouent sur la plage, de vacanciers souriants... Sans même cligner des yeux, je pousse les dépliants qui tombent directement dans ma poubelle. Estomaquée, ma mère demande:

—Noémie, qu'est-ce que tu fais?

—Je fais mes devoirs!

— Noémie !?!?

— Ce ne sont pas trois dépliants qui me rendront heureuse, c'est quatre dépliants ! Un pour chacun des membres de *ma* famille !

De loin, j'entends mon père dire à ma mère :

— Chérie, viens voir dans la chambre !

Ma mère s'éloigne dans le corridor. Mes parents discutent à voix basse. Puis, d'un pas décidé, ils reviennent vers ma chambre. C'est ma mère qui attaque la première en lançant cette question dont elle connaît très bien la réponse :

— Noémie, qu'as-tu fait avec les affiches ?

Je ne réponds pas. La tête penchée sur mon cahier qui

cache les cinq fausses perles, je fais semblant d'étudier. Mon père prend la relève :

— Noémie ! Il me semble que nous avons été très clairs ce matin !

Les yeux toujours fixés sur mon cahier, je réponds par un long soupir. Ma mère change de tactique, elle me dit :

— Si nous allions parler de tout ça devant un bon repas, au restaurant de ton choix ?

— Excellente idée ! répond mon père.

J'attaque à mon tour :

— J'accepte l'invitation si nous y allons avec grand-maman.

— Il n'en est pas question ! répondent mes parents.

— Alors, allez au restaurant tout seuls… Moi, j'irai manger en haut. Il y a de la bonne lasagne.

— Non ! Tu viens avec nous, dit mon père.

— Et immédiatement ! ajoute ma mère d'un ton autoritaire.

Ensuite, ils me font la liste des choses qui vont m'arriver si je n'obéis pas : interdiction de regarder la télévision. Interdiction de jouer au parc. Interdiction d'inviter des amis à la maison. Interdiction de souper en haut chez grand-maman. Interdiction de ceci. Interdiction de cela et même plus que cela !!!

J'écoute la liste des interdictions sans broncher. Je regarde mon cahier et je réfléchis. Lorsque mes parents n'ont plus d'inspiration, je dis sans même lever la tête :

— Bon, puisque c'est comme ça, moi, je n'irai plus à l'école ! Moi, je n'étudierai plus ! Moi, je ne serai plus gentille ! Moi, je vais toujours mal m'habiller ! Moi, je mâcherai toujours de la gomme ! Moi, je ne vous parlerai plus jamais de toute ma vie et patati et patata…

Mon père dit :

— Noémie ! Ça ne sert à rien de discuter ! Les billets sont achetés ! Les réservations sont faites ! Nous partons tous les trois, point final !

Il tourne les talons, quitte ma chambre, revient avec les affiches que j'ai barbouillées et les laisse tomber sur mon lit. Puis, il se dirige vers la cuisine en compagnie de ma mère. Ils sont pareils tous les deux! Ils ne comprennent rien à rien! Je suis tellement fâchée que je me penche vers la poubelle, m'empare des dépliants publicitaires et les déchire en tout petits morceaux. Ça me fait le plus grand bien, je me sens mieux. En fait, je me sens tellement bien qu'il me vient, comme ça, tout naturellement, une idée de génie qui pourrait régler mes deux problèmes… à moins que… à moins que je me serve du premier problème pour régler le deuxième… Ouais, ouais, ouais… Ou bien que je me serve du deuxième problème pour régler le premier… Ouais, ouais, ouais… Mais pour cela, j'ai besoin… j'ai besoin de consulter les dépliants publicitaires…

Je me précipite une deuxième fois vers ma poubelle. Je la renverse. Des centaines de petits papiers déchirés tombent sur le plancher. Armée de patience, de courage, de ténacité et de beaucoup, beaucoup de ruban adhésif, je commence à recoller, ensemble, toutes les pages! Qu'est-ce que je ne ferais pas pour trouver cinq mille dollars!!!

-8-

Des chiffres, des chiffres et encore des chiffres

Après avoir recollé ensemble toutes les pages des dépliants publicitaires, je les consulte les uns après les autres, mais il me manque beaucoup d'informations. De ma chambre, je crie à mes parents :

— Si nous partons en voyage, allons-nous prendre l'avion ?

Surpris, mes parents répondent :

— Oui, ma chérie !

— Si nous y allons, nous partirions de quelle date à quelle date ?

Croyant que j'ai changé d'idée concernant le voyage, mes parents me répondent, tout heureux :

— Du 2 au 18 juillet !

— Et nous logerions dans quel hôtel ?

Hyper contents que je m'intéresse enfin au voyage, ils répondent en chœur :

— À l'hôtel Savanna !

— Allons-nous faire une croisière ?

Tout fébriles, ils me répondent :

— Si tu veux, oui ma chérie, nous pourrions faire une petite croisière !

— Une croisière de combien de jours ?

— Le temps que tu voudras, ma chérie !

Je n'ai plus de questions. Je retourne à mon bureau pour consulter les dépliants publicitaires. Je remplis deux pages d'additions. En calculant le prix de l'avion, l'hôtel, les restaurants, les spectacles, la croisière, les glissades d'eau, j'arrive à la rondelette somme de… de… de six mille dollars !

Je n'en crois pas mes yeux ! J'en ai le vertige ! Un voyage de six mille dollars ! Je me lève d'un bond, vais rejoindre mes parents à la cuisine et leur demande :

— Aimeriez-vous économiser mille dollars ?

Mon père et ma mère me regardent, l'air hébété. Je répète ma question :

— Aimeriez-vous économiser mille dollars ?

Alors, je décide de révéler à mes parents le fond de ma pensée. Je décide de leur dire la vérité, toute la vérité, rien que la vérité. Sans même sourciller, je leur dis :

— J'ai bien réfléchi à la situation qui nous concerne, et finalement, nous ne devrions pas partir en voyage parce que c'est beaucoup trop cher !

Mes parents me regardent, stupéfaits. J'ajoute :

— Voici ce que je propose. D'après mes calculs, le voyage coûterait environ six mille dollars, n'est-ce pas ?

— Euh... oui, à peu près, effectivement, répond mon père complètement estomaqué.

En regardant mes parents droit dans les yeux, et en appuyant sur chacun des mots, je leur dis :

— Chers parents, écoutez bien mon raisonnement : nous ne partons pas en voyage ! Vous me donnez cinq mille dollars ! Ainsi, vous économisez mille dollars ! N'est-ce pas merveilleux ?

Devant mes parents subjugués par la logique de mes propos, j'ajoute pour donner du poids à ma suggestion :

— Avec ce mille dollars, vous pourriez aller au cinéma, sortir en amoureux, manger au restaurant… et même, si le cœur vous en dit, vous pourriez m'acheter un petit cadeau… pour me remercier !

Mes parents ne répondent rien. Ils se grattent la tête, étudient le plafond, font tourner leurs yeux dans leurs orbites… C'est absolument incroyable! On dirait qu'ils ont perdu l'usage de la parole. Moi, je souris de toutes mes dents, mais eux, ils sont figés comme des statues de plâtre, ou de ciment ou de bronze. Ils ne bougent plus. Ils ne clignent

même plus des yeux. On dirait que quelqu'un les a mis à «Pause».

Pour les réveiller, je claque des doigts, je tape dans mes mains. Soudain, mon père tressaille. Il se gratte la joue. Il revient à la vie:

—Noémie? Qu'est-ce que tu racontes? Pourquoi voudrais-tu qu'on te donne cinq mille dollars?

—Vous voulez savoir la vérité? La vraie véritable exacte vérité toute véridique?

Mes parents me font signe que oui. Ils se donnent la main comme s'ils appréhendaient une terrible catastrophe. Alors, j'avale un peu de salive et je chuchote, sur le ton de la confidence la plus confidentielle:

—J'aurais besoin de cinq mille dollars pour aider grand-maman qui a perdu tout son argent dans le gros trou de la récession. Elle ne mange presque plus. Elle ne peut presque plus payer son loyer. Et elle est trop orgueilleuse pour demander la charité...

Et VLAN ! Mes parents se regardent, la bouche grande ouverte. Pour donner plus de mordant à ce que je viens de leur dire, j'ajoute :

—Et surtout, n'en parlez pas à grand-maman... Son orgueil serait blessé... vous comprenez?

Voyant que mes parents sont profondément ébranlés, j'ajoute encore :

—Je vais vous montrer des preuves indéniables !

Devant mes parents sidérés, médusés, éberlués, je me lève d'un bond et demande à mon père :

— Puis-je emprunter ta caméra numérique pour quelques minutes?

Il me répond « oui » d'un hochement de la tête. Sans plus attendre, je vais chercher la caméra. Je quitte la maison en vitesse. Dehors, j'attache le bouton de mon collet et je grimpe les marches de l'escalier pour me rendre chez grand-maman.

-9-

SNIF ! SNIF ! OUTCH ! OUTCH !

Armée de la caméra, je me rends directement à la cuisine. Grand-maman, une tasse de thé à la main, me dit :

— Allô, ma belle Noémie d'amour !

Pour ne pas qu'elle me parle du collier, je lui dis très rapidement :

— Grand-maman, c'est extrêmement urgent ! Est-ce que je peux prendre des photos de vous ?

— Là, tout de suite ?

— Oui, tout de suite, mais ailleurs que dans la cuisine !

— Pour faire quoi?

— Je… euh… Pour l'école. Je fais une recherche sur les sentiments: la joie, la peine, etc. Et je suis extrêmement pressée, donc, vous allez faire exactement ce que je vais vous demander, sans rouspéter et sans poser de questions!

— Mon Dieu Seigneur, que dois-je faire?

— Vous allez enfiler la plus laide de vos robes, et vous venez me rejoindre dans le salon.

— Mon Dieu Seigneur que tu m'en fais faire des folies, toi!

Le sourire aux lèvres, grand-maman disparaît dans sa chambre. Elle revient deux minutes plus tard, affublée d'une vieille robe et d'une valise toute maganée. Je fais asseoir ma grand-mère sur le bord du canapé avec sa valise à la main. Puis, je lui demande de faire une grosse grimace de déception.

CLIC ! Je la photographie.

Je lui demande de faire comme si elle avait beaucoup de peine.

CLIC ! Je la photographie.

Je lui demande de faire semblant de pleurer.

CLIC ! Je la photographie.

J'embrasse grand-maman à toute vitesse :

— Merci beaucoup ! Je dois continuer mes devoirs et mes leçons !

Je dévale les marches de l'escalier, j'entre chez moi, je vais rejoindre mes parents dans le salon et avant même qu'ils posent une question, je dis :

— Regardez ! Regardez les images dans la caméra. Regardez ma pauvre grand-maman. Elle n'a plus d'argent ! Elle est pauvre ! Elle est triste ! Elle a faim !

Mes parents, ahuris, fixent la petite fenêtre de la caméra. Ils regardent les images. Grand-maman qui fait pitié… qui a l'air misérable… qui pleure.

— Incroyable, soupire mon père.

— Je n'en reviens pas, mais pourquoi ne nous dit-elle rien ? ajoute ma mère.

— Grand-maman est très orgueilleuse... Et elle ne veut pas vous embêter avec ses problèmes d'argent !

Ma tactique fonctionne à merveille. Mon père dépose la caméra sur le canapé, il murmure :

— Il faut faire quelque chose.

— Vite, papa. Vous me donnez cinq mille dollars et moi je les donne à grand-maman, ce sera moins dur pour son orgueil.

— Pourquoi cinq mille ?

— Parce que c'est comme ça ! Et il faut les lui donner très rapidement, demain au plus tard !

— Pourquoi demain ?

— Parce que.. euh... demain elle a plein de choses à payer ! Et si elle ne les paye pas, il y aura des conséquences très graves !

Mes parents me dévisagent soudainement avec un air que je n'aime pas du tout… Je sens de la méfiance dans leurs yeux. Faisant mine de rien, je demande :

— Quoi ? Qu'est-ce qu'il y a ?

Mon père, dont le regard est devenu d'acier :

— Noémie, explique-moi pourquoi *tu* as besoin de cinq mille dollars, demain !

— Ce n'est pas pour moi, c'est pour grand-maman !

Ma mère, qui est habituée de régler des conflits à son travail, se redresse et dit :

— Bon, j'en ai assez entendu ! Fini les enfantillages ! Nous montons immédiatement chez grand-maman et nous mettons les choses au clair.

Mon père se lève à son tour:

—Excellente suggestion, ma chérie!

Ils me prennent tous les deux par les mains et m'obligent à les suivre. Mon cœur bat à tout rompre. Je ne sais plus que dire, que faire! Je fais un pas, un deuxième, puis je me laisse tomber sur le plancher en hurlant:

—OUTCH! J'ai une crampe au mollet! J'ai une crampe au mollet! Je ne peux plus marcher!

Mais cette tactique ne fonctionne pas. Mon père se penche vers moi. Il me soulève comme si j'étais une poupée de chiffon. Nous faisons un pas, puis un deuxième dans le corridor. Je crie à fendre l'âme:

—J'ai mal au cœur! Dépose-moi par terre! Je vais vomir!

Mon père, absolument insensible à mon état, continue de m'entraîner dans le corridor. Je me mets à pleurer de toutes mes forces. Je sanglote :

— SNIF ! Je ne veux pas, SNIF ! aller chez grand-maman ! SNIF !

Nous passons devant ma chambre. Ma mère regarde vers mon bureau. En voyant les cinq fausses perles, elle s'en approche et demande :

— Qu'est-ce que c'est, ça, Noémie ?

Ça y est, je suis coincée. J'ai beau chercher dans le fond de mon cerveau, je n'ai plus d'arguments. Je suis acculée au pied du mur. Je suis faite comme un rat. Je... Je... je ne sais plus que faire pour me sortir du pétrin dans lequel je m'enlise... J'éclate

en sanglots, et cette fois ce sont de vraies larmes qui coulent. SNIF ! OUIN-OUIN ! SNIF ! En beuglant, je donne des coups de pieds et des coups de poings pour quitter les épaules de mon père.

Il me dépose sur le plancher. Je me précipite sur mon lit et je continue de pleurer. Ma mère, imperturbable, me repose la même question :

— Noémie, qu'est-ce que c'est, ça ?

Je pourrais mentir, inventer une histoire, mais je suis trop bouleversée par tous les malheurs qui s'abattent sur moi. J'en ai assez ! Je m'assois dans mon lit et je balbutie :

— Grand-maman, SNIF… m'a prêté un collier de perles. SNIF…

Il s'est brisé pendant, SNIF… que je courais vers l'école. SNIF… J'ai perdu cinq perles qui valent mille dollars chacune! SNIF… SNIF… SNIF…

Je pleure tellement que j'ai l'impression d'avoir des ruisseaux, des rivières et des fleuves dans les yeux. Mes parents me regardent, muets… Pour les convaincre que je dis toute la vérité, j'ajoute:

—Ce n'est pas une blague. Regardez dans mon étui à crayons!

Ma mère fouille dans mon étui. Elle en sort des stylos, des gommes à effacer, un taille-crayon, puis des perles et des perles et des perles… Je dis en pleurnichant:

—Ce n'est vraiment pas de ma faute! SNIF... Le collier s'est brisé et je vous le jure, j'ai fait tout ce que j'ai pu pour retrouver les cinq perles manquantes, SNIF...

Du bout du doigt, ma mère pointe les cinq perles couvertes de gouache blanche. Je réponds:

—Ce sont, SNIF... de fausses perles qui viennent de chez le bijoutier!

Ma mère vient s'asseoir près de moi. Elle soupire en me caressant l'épaule:

—Noémie, je ne comprends plus rien... Des affiches barbouillées... Un collier brisé... Des perles de mille dollars... Des dépliants déchirés... De la gouache... Un bijoutier... De fausses perles...

Je ne réponds rien. J'essuie mes yeux. Je tremble de partout. Je pense aux perles et à la déception de grand-maman. Je pense au voyage et à la déception de grand-maman... Au bout d'un moment qui est plus long qu'un long hiver, mon père m'embrasse sur le front :

— Bon, tu as vécu beaucoup d'émotions aujourd'hui. On se calme... et on étudiera la situation demain à tête reposée.

Ma mère ajoute avant de sortir de ma chambre :

— Nous n'allons pas au restaurant ! Noémie, je te fais couler un bain avec beaucoup de mousse ! Il n'y a rien de mieux pour se détendre...

Me détendre... Me détendre... Comment pourrais-je me détendre avec tous les problèmes qui me tombent sur la tête, les uns après les autres...

Après cinq minutes, ma mère crie de la salle de bain :

— Noémie, c'est prêt !

Le cœur en miettes, je me rends à la salle de bain. Je remercie ma mère. Je verrouille la porte. Je commence à me déshabiller, et soudainement... Non ! C'est pas vrai !?!?

-10-
La grande trouvaille

Je n'en crois ni mes yeux, ni mes oreilles! En retirant ma blouse, j'entends quelque chose tomber sur la tuile de la salle de bain. Un petit PLOC! suivi de plusieurs petits bonds. Je regarde et je vois une perle, une vraie de vraie perle de grand-maman qui rebondit sur le plancher. Incroyable et merveilleux! Je comprends tout à coup que cette perle, tombée de mon cou, était restée coincé quelque part dans un pli de ma blouse!

La petite bille roule sur le plancher et s'arrête au pied du mur. Je me penche, l'examine… il n'y a aucun doute possible. C'est bel et bien une perle du collier de grand-maman !

Je la dépose dans le porte-savon. Puis, en vitesse, je fouille dans la poche de ma blouse. Je tâte toutes les coutures… mais je ne trouve rien. Absolument rien ! Et soudain, il me vient un grand frisson. Je me penche à nouveau et je commence à fouiller dans le revers de mon pantalon. Le bout de mes doigts explore chaque recoin du tissu et soudainement je n'en crois pas mes ongles. Je trouve une deuxième perle ! Une perle qui était tombée là, tout simplement ! C'est incroyable ! C'est merveilleux ! C'est extraordinaire ! C'est fantastique !

Je fouille encore et… non, non, non, ce n'est pas possible ! Je trouve une troisième perle cachée dans le revers de l'autre jambe de mon pantalon ! Je place les trois perles dans le porte-savon. Donc, il ne manque que deux perles pour compléter le collier de grand-maman !

Joyeuse, heureuse, je fouille encore et encore à l'intérieur des revers, puis à l'intérieur des poches, puis sous toutes les coutures, mais je ne trouve rien. Absolument rien de rien, de rien et encore moins que rien de rien… Juste pour être sûre, je fouille aussi dans mes chaussettes, dans mes souliers… mais c'est le grand vide total et sidéral… Je me glisse dans le bain d'eau chaude. Ah, que ça fait du bien…

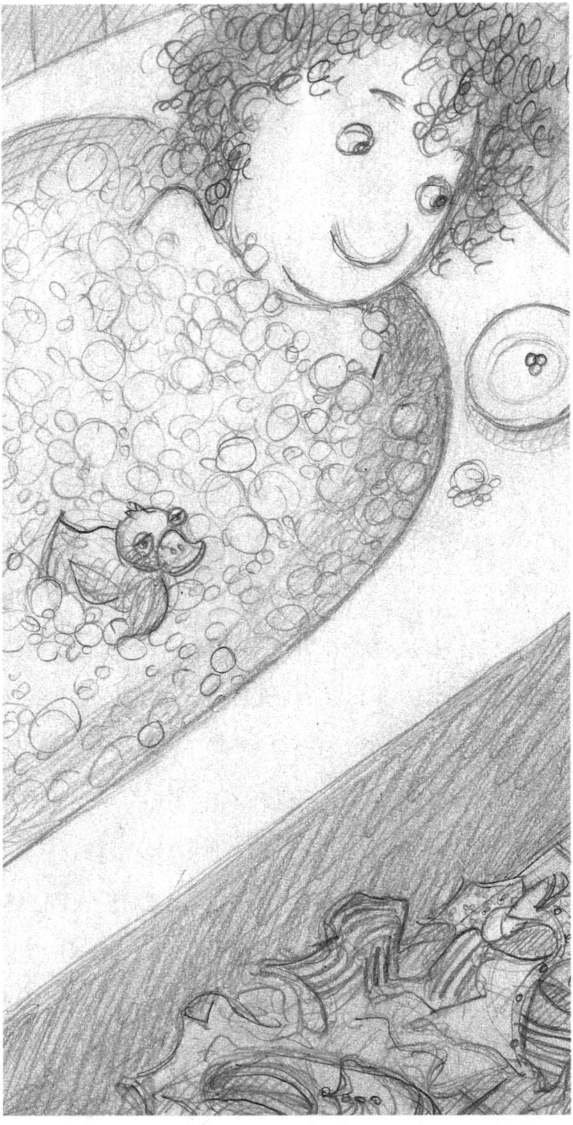

Je réfléchis en me disant que nous avons cherché partout, partout sur le trottoir, dans la rue, mais que, finalement, sans le savoir, je transportais trois perles dans mes vêtements. Donc, où pourraient se cacher les deux perles manquantes ? Sûrement dans un endroit inusité, un endroit pas logique… un endroit dans lequel on ne penserait jamais à regarder ! Et où est-ce que je ne penserais jamais à regarder ? En trouvant la réponse, je frémis de bonheur. Le seul endroit absolument illogique que je n'ai pas fouillé, ce sont mes cheveux, mes cheveux frisés. Une des perles du collier aurait pu sauter dans mes cheveux pendant que je courais. Alors, du bout des doigts, j'explore ma chevelure, je me fais un massage du crâne… mais, je ne trouve rien… Absolument rien! C'est logique que je ne trouve rien dans mes cheveux puisque ce n'est pas logique. Il me semble que c'est logique. Il n'y a rien d'illogique là-dedans puisque j'avais prévu logiquement que c'était logique de chercher dans l'illogique… et comme je ne trouve rien dans cet illogique-là, c'est parce que je ne cherche pas dans le bon illogisme… Je me comprends!

Alors, en pensant logiquement à un endroit encore plus illogique, il me vient une super bonne idée absolument illogique qui expliquerait logiquement pourquoi il manque encore deux perles.

Je sors du bain en vitesse, et, sans même prendre le temps de m'essuyer, j'essaie de m'habiller. Mais ce n'est pas facile d'enfiler des vêtements dans des conditions extrêmes comme celles-là! Ma blouse collée au corps, le pantalon tout de travers, je m'empare du porte-savon, je quitte la salle de bain et je vais rejoindre mes parents dans le salon. Mon père me demande:

—Alors, Noémie, es-tu plus calme?

—Oh oui! Regarde! J'ai trouvé trois perles dans mes vêtements! Et je crois savoir où sont les deux autres! Mais j'ai besoin de votre aide!

—Notre aide?

—Oui, il faut venir immédiatement avec moi!

—Pour aller où? demande ma mère.

—À l'école!

—Noémie, l'école est fermée à cette heure!

—Pas *dans* l'école... *Devant* l'école! Et nous aurons besoin d'un escabeau!

—Pour quoi faire, un escabeau? demande mon père.

—Vite! Je vous l'expliquerai plus tard. Il faut se dépêcher avant que le soleil se couche!

—Quel rapport avec le soleil? demande ma mère.

—À cause de la lumière!

—Quelle lumière? demandent mes parents.

—Vite! C'est une question de vie ou de mort!

En rouspétant, en maugréant et en chialant un peu plus qu'un petit peu, mon père va chercher l'escabeau dans le cabanon.

— Vite, vite, papa!

Nous partons tous les quatre, c'est-à-dire mon père, ma mère, moi et l'escabeau. Mais aussitôt rendue à l'extérieur de la maison, j'entends des craquements dans l'escalier. Non, c'est pas vrai! Grand-maman descend les marches. Elle nous aperçoit et nous demande:

— Bonjour, la petite famille! Où allez-vous donc avec votre escabeau?

Je veux disparaître dans les fentes du trottoir.

-11-
L'arbuste

En panique, je donne un coup de coude à mon père pour ne pas qu'il dévoile notre destination. Je regarde ensuite ma mère en silence et ce silence veut dire… de garder le silence concernant notre mission silencieuse. Puis, je fais un faux sourire à grand-maman et je dis :

— Euh, nous n'allons nulle part… Nous allons juste faire une petite promenade…

— Mon Dieu Seigneur ! Avec votre escabeau ?

— Euh… oui… Il avait besoin de prendre un peu d'air.

Grand-maman sourit, puis elle prononce ces quelques mots qui me glacent les veines :

— Bon, Noémie, j'aurais besoin de mon collier !

— Pour… Pour quoi faire ?

— Mais pour le ranger dans la valise aux souvenirs !

Pour gagner du temps, je réponds :

— J'irai vous porter le collier dès que je reviendrai !

Satisfaite de ma réponse, grand-maman descend les dernières marches de l'escalier, puis elle se dirige vers le dépanneur. C'est-à-dire dans la même direction que nous, ce qui donne une scène assez cocasse. Grand-maman trottine quinze mètres devant nous. Nous la suivons avec notre escabeau. Nous ne disons rien. De temps à autre, elle se retourne pour nous regarder. De temps à autre nous lui faisons un petit signe de la main. Au bout d'un certain temps, grand-maman s'arrête pour nous parler. Mais moi, je ne veux surtout pas lui parler, ni du collier, ni du voyage organisé par mes parents. Alors je cesse de marcher et je fais semblant d'attacher mes lacets de souliers.

Ouf, finalement grand-maman bifurque vers le dépanneur. Mais plutôt que de s'engouffrer à l'intérieur, elle nous regarde passer. Mon père, ma mère, moi et l'escabeau, nous faisons semblant de rien. Nous continuons notre route et j'imagine que grand-maman s'invente toutes sortes de scénarios. C'est une bonne chose, comme ça elle ne peut

pas se douter du vrai de vrai double drame qui se vit présentement.

Mes parents, l'escabeau et moi, nous nous dirigeons vers l'école. En chemin, mon père émet plusieurs soupirs, grognements et marmonnements qui veulent me faire comprendre son désaccord... Je soupire, moi aussi, pour lui faire comprendre ce qu'il voudra bien comprendre... Je me comprends.

Arrivé devant l'école, mon père s'arrête pour déposer l'escabeau sur le trottoir. Je lui dis :

—Bon, il faudrait le placer ici, sous le petit arbuste.

Mon père, de plus en plus impatient, ouvre l'escabeau. Sans attendre une seconde, j'y grimpe tout en haut et je commence à fouiller dans le feuillage. J'ai beau chercher, chercher, chercher, je ne trouve aucune perle ni à la jonction des branches, ni dans le creux des feuilles. Ma mère, très sceptique, me demande :

— Noémie, pourrais-tu nous dire ce que tu fabriques?

La tête dans le feuillage, j'explique à mes pauvres parents qui ne comprennent rien :

— Peut-être qu'en courant, des perles ont été projetées dans l'arbre !

Comme seule réponse, mon père me dit :

— Noémie ! Descends immédiatement de cet escabeau !

Je fouille encore et encore, mais je ne trouve rien. Complètement dépitée, je descends à reculons et je saute sur le trottoir. Ensuite, il se passe un phénomène extraordinaire. Mon père déplace l'escabeau de quelques mètres. Il empoigne le tronc de l'arbuste et il commence à le secouer, à le re-secouer et à le re-re-secouer… mais rien ne tombe du feuillage. Je suis tellement heureuse que mon père s'investisse enfin dans une de mes activités que je lui dis pour l'encourager :

— Allez ! Vas-y, papa ! Si tu trouves les deux perles manquantes, tu vas économiser deux mille dollars et grand-maman va pouvoir retrouver son collier intact…

Alors, mon beau papa empoigne l'arbuste avec ses deux bras. Il le secoue encore plus vigoureusement. On croirait qu'ils se battent ensemble. Le feuillage est ballotté dans tous les sens. Mais rien ne se passe. Aucune perle ne tombe sur le trottoir.

Exténué, les cheveux hirsutes, mon gentil papa s'arrête tout à coup. Il reprend son souffle, me regarde et me dit:

—Noémie, c'est la dernière fois que tu me fais faire une chose pareille, tu m'entends?

—...

—Noémie, tu m'as compris?

—...

—Noémie, est-ce que c'est clair?

—...

Et là, mon père devient complètement hystérique, il crie:

—Noémie ! J'en ai assez ! Je viens de passer une journée épouvantable au bureau ! J'ai des dizaines de dossiers en retard ! Des coups de fil à passer ! Des courriels à envoyer ! Et là, qu'est-ce que je fais ? Je secoue un arbuste en espérant y trouver des perles ! Ce n'est pas possible !

Enragé, mon père se défoule sur le tronc, il s'y accroche en y mettant tout son poids. Le tronc plie dans tous les sens. On croirait qu'il est devenu en caoutchouc.

Au bout de quelques minutes, mon père commence à se calmer. Il n'a plus de rage dans le corps et vraiment, vraiment, on dirait que cette petite séance de défoulement lui a fait du bien.

Il semble plus calme, je dirais même plus serein.

Alors, comme moi aussi, j'ai passé une journée très difficile, je m'approche et je crie :

— Moi aussi, j'ai passé une très mauvaise journée ! J'ai appris que grand-maman ne venait pas au bord de la mer ! J'ai brisé un collier qui vaut cent mille dollars ! J'ai perdu des perles !

Et là, complètement enragée, je prends mon élan et je donne un violent coup de pied sur le tronc de l'arbuste. L'arbre frémit et soudain, comme par magie, un très incroyable miracle se produit.

Je n'en crois ni mes yeux, ni mes oreilles, ni le reste de mon corps !

-12-
Mon père, le plus fort

Comme dans une scène de film au ralenti, mon père, ma mère et moi, nous entendons un petit bruit qui provient du feuillage. Quelque chose rebondit sur des branches et, tout à coup, ce petit quelque chose tombe sur le trottoir et ce petit quelque chose est… une perle!

Eh! Oui! Une! Perle! Du! Collier! De! Grand-maman! Avec huit points d'exclamation!!!!!!!!

Devant nos yeux ébahis, la perle rebondit sur le trottoir, puis, devant nos yeux horrifiés, elle roule vers le puisard le plus proche.

PANIQUE!

En criant « HIIIIIIIIII ! NOOOOOOON ! PAS VRAIIIII ! » mon père, ma mère et moi, nous nous lançons sur la perle. Il y a des pieds partout, des mains partout. La perle, comme une bille dans un jeu électronique, bifurque sur une semelle, puis sur une autre... puis sur une petite roche... Et c'est finalement ma mère qui remporte le concours de vitesse. Elle attrape la perle, lève le bras au ciel et crie victoire!

Après ce grand moment d'euphorie, ma mère dépose le trésor tout rond dans le creux de ma main. Il n'y a pas de doute, il s'agit bel et bien d'une des perles du collier de grand-maman. Je suis tellement excitée, et encouragée et fière de moi que je regarde mes parents en silence, avec un air qui veut dire « Vous voyez bien que je ne suis pas folle ! Vous voyez bien que j'avais encore raison ! Vous voyez bien qu'il faut toujours, toujours, toujours me faire confiance ! »

Mon père me regarde, estomaqué.

Ma mère me regarde, émerveillée.

Nous nous regardons à tour de rôle et nous n'avons même pas besoin de nous parler pour nous comprendre. Mais, pour que le message soit bien clair, je dis quand même :

— Il ne manque qu'une seule perle pour compléter le collier de grand-maman !

Mon père, qui a compris la situation, remonte les manches de sa chemise, déboutonne son collet et se relance sur le tronc de l'arbuste. Je ne pensais jamais que mon père était si fort ! Le feuillage de l'arbre oscille de gauche à droite comme s'il était secoué par une tornade, un ouragan, un cyclone. Des feuilles virevoltent, des branches dégringolent, mais aucune perle ne tombe sur le trottoir.

Ma mère et moi l'encourageons du mieux que nous pouvons :

— Vas-y, papa ! Tu es le plus fort !

— Vas-y, mon chéri ! Tu es le meilleur !

Au bout de dix minutes, le papa, le plus fort, le plus chéri et le meilleur au monde est complètement épuisé. Il se laisse glisser au pied de l'arbuste. Pendant que ma mère lui frictionne les épaules en répétant « Mon pauvre chéri, mon pauvre chéri... », moi, je réfléchis. Pour conjurer le sort, je m'approche de l'arbuste et je lui donne un autre immense coup de pied. Le feuillage frémit. Nous tendons l'oreille, mais il ne se passe vraiment rien de rien. C'est le vide total, le vide plein de rien, le vide rempli de toutes sortes de gros riens qui ne m'intéressent pas...

Ma mère aide mon père à se relever. Il est fourbu. Il a mal aux mains, aux bras, aux épaules. Dans un dernier soubresaut d'espoir, il donne lui aussi un coup de pied sur le tronc, mais rien ne tombe de l'arbuste, pas même une feuille. Alors, les épaules basses, le dos courbé, mon père s'empare de l'escabeau, puis sans rien dire, il prend la direction de la maison. Ma mère le suit. Moi, je marche derrière, en tenant la perle au creux de ma main.

En suivant mes parents, je récapitule. Je fais le point. Je pense à la dernière perle du collier. Je le sais, je le sens, je le… Elle est cachée quelque part sur cette rue, dans ce quartier, dans cette ville, dans ce pays, sur ce continent, sur cette planète… J'y pense pendant que nous entrons dans la maison, pendant que nous soupons, pendant que j'enfile mon pyjama, pendant que je me couche…

Impossible de dormir. Une perle de mille dollars traîne quelque part. Une perle de mille dollars brille sous la lune en attendant que je la trouve…

Dans mon délire nocturne, je revois le fil des événements. Je cours sur le trottoir. Le collier se décroche. Des perles tombent et… et… tout à coup, un détail, un détail anodin, un détail sans importance remplit mon esprit! YOUPI! Je sais où se cache la dernière perle! Je le sais! Oui, je le sais! Mon cœur bat tellement vite que je bondis dans mon lit. Je regarde mon réveil. Mais, mais, mais il est trois heures du matin! Impossible de quitter la maison à cette heure. Je dois attendre que le soleil se lève… attendre pour me rendre devant l'école

et, rendue là, attendre et attendre encore…

-13-
L'attente en attendant d'attendre...

Je passe le reste de la nuit à tourner comme une toupie dans mon lit. Dès que mon réveil sonne, je quitte ma chambre en vitesse. Je vais dans la cuisine. Je me sers un bol de céréales. Mes parents, en pyjama, arrivent, les cheveux ébouriffés, l'oreiller encore imprimé dans le visage. En me voyant engouffrer mes céréales, mon père marmonne :

— Noémie, ne me demande rien ! J'ai une journée épouvantable qui s'en vient !

Je le rassure :

— Nwe t'inqwuiètwe pwas, jwe n'wai pwas bwesoin dwe twoi, auwjourd'whui !

En bâillant, il me répond :

— C'west parfwait cwomme çwa.

Pour rigoler, ma mère ajoute :

— Wash wish wwoush…

J'avale ma dernière bouchée :

— Bon, j'y vais ! Je sais où se cache la perle manquante !

Mon père, encore tout endormi, me dit :

— Noémie, tu ne fais rien de dangereux ! Tu comprends ?

— Ne craignez rien… Je ne ferai qu'attendre.

Avant qu'ils me posent d'autres questions, je ramasse

deux bananes dans le plateau de fruits et je me sauve en criant:

—Ce n'est pas nécessaire de me faire un lunch! À ce soir!

Je ramasse mon sac à dos et je quitte la maison au plus vite. Contrairement à mes habitudes, je ne monte pas chez grand-maman pour lui souhaiter une bonne journée. Je ne veux pas qu'elle me parle du collier. Alors, je cours jusqu'à l'école et, même pas essoufflée, je m'arrête sous l'arbuste… J'attends…

Mon amie Mélinda s'approche:

—Allô, Noémie, qu'est-ce que tu fais là?

Je n'ai pas le temps de répondre que Roxanne arrive:

—Salut, les filles, qu'est-ce que vous faites là?

Nous n'avons pas le temps de répondre que le grand Mathieu arrive :

— Hey, les filles, qu'est-ce que vous faites là ?

Impossible de répondre, presque toutes mes amies et tous mes amis se regroupent devant l'entrée de l'école en demandant :

— Mais pourquoi vous êtes là ?

Moi, je ne dis rien, parce que si je dis que j'attends quelqu'un, ils vont me poser mille questions et ils vont en faire un opéra en trois actes. Ce sera du bla-bla-bla à n'en plus finir.

Alors j'attends… en faisant comme si je n'attendais personne. Et en attendant personne comme si j'attendais quelqu'un, je suis tellement nerveuse que je commence à me ronger les ongles. Si celui que j'attends n'arrive pas, eh bien, je serai dans le pétrin pour vrai. Je ne trouverai jamais la perle manquante et ma grand-mère sera très fâchée, et triste, et déçue, et…

Pendant que mes amis papotent, rigolent et se bousculent, moi, je me tiens à l'écart. Dans l'angoisse la plus totale, j'attends… Je surveille… Je scrute l'horizon en espérant y voir apparaître…

DRIIIIIING ! La cloche de l'école résonne. Mes amis se précipitent dans la cour. Je reste seule sur le trottoir. J'ai peur. Je tremble. J'épie les coins de rue… J'espère que je ne me suis pas trompée. Un tout petit doute commence à germer dans mon esprit. Après quelques secondes, le petit doute enfle et devient un moyen doute. Puis, le moyen doute se transforme en immense doute qui m'envahit complètement.

-14-
Mon dernier espoir

Toute seule sur le trottoir, je pense à la perle manquante, la perle manquante qui devrait normalement s'approcher de plus en plus…

Mais je n'ai pas le temps d'y penser plus longtemps. J'entends tout à coup une fenêtre de l'école s'ouvrir et je vois la tête de madame la directrice qui en sort et qui me crie :

— Noémie ! Que fais-tu là, encore ? Les cours sont commencés !

J'avale un peu de salive et je dis :

— Oui, je sais.

— Mais alors ? Qu'est-ce que tu attends pour rentrer ?

— J'attends… rien !

La directrice ferme la fenêtre. Trois secondes plus tard, elle ouvre la porte de l'école. D'un pas rapide et autoritaire, elle s'approche, pose ses deux poings sur ses hanches et me demande :

— Bon, Noémie, qu'est-ce qui se passe cette fois ?

— Je, euh… J'ai un rendez-vous.

— Où ça ?

— Ici !

— Ici ? Mais avec qui ?

— Je ne sais pas…

La directrice s'impatiente :

— Viens, Noémie, nous allons régler ça à l'intérieur !

Comme je ne veux absolument pas entrer dans l'école, je me raidis de tout mon corps. La directrice me tire par le bras, mais je ne bouge pas. Elle me pousse par les épaules, mais je ne bouge pas. Alors, elle dit :

— Bon, ça suffit ! Si tu n'entres pas dans l'école immédiatement, tu auras une punition !

Je ne réagis pas.

— Bon, alors, je devrai appeler tes parents.

Je ne réagis pas.

— Bon, alors je devrai appeler les policiers.

Je ne réagis pas.

La directrice se penche pour me chuchoter :

— Eh bien, dans ce cas, je vais appeler ta grand-mère…

Là, je réagis :

— Non, s'il vous plaît, pas ma grand-mère ! Elle ne sait rien à propos du collier et je ne veux surtout pas qu'elle l'apprenne. Il ne me reste qu'une seule perle à trouver et… et…

Et en regardant au loin, j'aperçois un homme qui s'approche en compagnie d'un petit chien. Oui, c'est lui ! C'est bien lui qui est passé tout près de moi, hier matin, lorsque le collier s'est brisé. Je dois absolument lui parler.

En vitesse, j'explique la situation à la directrice, qui me dit :

— Bon, d'accord ! Je te surveille de loin.

Je suis tellement heureuse que je saute au cou de la directrice et je l'embrasse sur les deux joues. Elle rougit. Moi aussi. C'est la première fois de ma vie que j'embrasse une directrice. Elle monte sur le perron de l'école et, en faisant mine de rien, elle s'appuie contre la grande porte pour m'observer.

L'homme s'approche en compagnie de son chien. Je deviens de plus en plus nerveuse. Dans ma tête, j'essaie de trouver des phrases pour l'aborder gentiment. Mais je suis tellement énervée que les mots se mélangent dans mon cerveau. Alors, je prends de profondes inspirations suivies de profondes expirations. Lorsque l'homme arrive à ma hauteur, je lui fais le plus beau de mes sourires :

— Bonjour, monsieur ! Comme vous avez un beau chien ! Il est de quelle race ? Comment il s'appelle ? Est-ce qu'il mord ? Puis-je le flatter ? Où l'avez-vous acheté ?

Surpris par cette avalanche de questions, l'homme s'arrête devant moi. Mais je suis tellement énervée que je ne lui laisse pas le temps de répondre :

— Bon, monsieur, écoutez-moi bien ! Vous pourriez me sauver la vie !

— Ah oui ?

—Ah oui... Voici ! Hier, j'ai emprunté le collier de perles de ma grand-mère. Il s'est brisé juste ici, au moment exact où vous êtes passé près de moi. J'ai retrouvé toutes les perles, sauf une seule et je suis certaine qu'elle est tombée quelque part... sur vous.

—Eh bien, eh bien, eh bien ! Ce serait vraiment incroyable, répond le monsieur en attachant la laisse de son chien au tronc de l'arbuste.

Sous le regard amusé de la directrice, l'homme commence à fouiller dans les poches de son veston. Rien ! Dans les poches de sa chemise. Rien ! Dans les poches de son pantalon. Rien ! D'un geste de la main, il me fait signe qu'il n'a rien trouvé. Je demande :

— Pourriez-vous s'il vous plaît vérifier le revers de votre pantalon.

Rien !

— Vérifier dans votre chapeau ?

Rien !

— La perle est peut-être tombée dans les poils de votre chien ?

Alors, l'homme et moi-même commençons à fouiller dans les poils du chien. Je vérifie tout autour du collier, autour des oreilles, sur les pattes, mais nous ne trouvons rien, de rien, de rien.

Tétanisée par la déception, je me rends compte que je déteste le rien, le vide, le néant et tout le

reste! L'homme se relève, détache son chien et me dit:

—Je suis désolé, ma petite…

—Noémie, je m'appelle Noémie…

—J'aurais voulu t'aider, ma petite Noémie, mais je ne peux malheureusement rien faire pour toi. Bonne chance dans tes recherches!

Il me fait un signe de la main, puis il s'éloigne en compagnie de son chien. Je suis complètement découragée. Ce passant, cet inconnu était ma dernière ressource, mon dernier espoir, ma dernière planche de salut!

Complètement dépitée, je rentre dans l'école en compagnie de la directrice. Elle pose une main sur mon épaule en signe de consolation, puis elle me reconduit jusqu'à ma classe. J'ouvre la porte et, la mine basse, je vais m'asseoir à mon bureau. Je suis tellement et tellement et tellement déprimée que je n'entends rien, n'écoute rien… Je n'existe plus. Il n'y a plus aucune Noémie à l'intérieur de moi. Immobile sur ma chaise, la tête dans le brouillard, je pense à la double déception de grand-maman, à sa double peine lorsqu'elle apprendra que j'ai brisé son collier si précieux et que nous partons en voyage sans elle…

Ensuite j'imagine grand-maman pleurer, toute seule dans son logement.

Je n'ai plus le goût de rien. Le temps passe en accéléré et au ralenti en même temps…

Et puis tout à coup, juste avant la récréation du matin, la porte de la classe s'ouvre. La directrice apparaît dans l'embrasure. Elle me regarde et me dit :

— Noémie, suis-moi jusqu'à mon bureau.

Je ne comprends plus rien. J'essaie d'imaginer le pire, mais je ne peux pas. J'essaie d'imaginer le mieux, mais je ne peux pas. Mon cerveau est partagé entre les deux. Il est coincé au milieu. Alors, sans trop savoir ce qui m'attend, je sors de la classe.

-15-
Dans le bureau de la directrice

Dans le corridor, la directrice tourne les talons et commence à marcher devant moi. Je l'accompagne comme une automate, une automate qui ne ressent plus rien.

Nous descendons l'escalier. Nous pénétrons dans son grand bureau. Elle referme la porte derrière moi et soudain, je manque de perdre connaissance. Le promeneur inconnu est assis sur une chaise. Mais il est seul, sans son chien. La directrice s'assoit à son bureau et, d'un geste de la main, elle fait signe au monsieur de me parler. En voyant son sourire apparaître, je comprends que je suis rendue au bout de mes peines en ce qui concerne la perle manquante. Je reviens à la vie ! Mon cœur explose dans ma poitrine ! Mes cellules deviennent des fusées interplanétaires qui partent dans tous les sens !

À travers les battements de mon cœur, derrière mes oreilles qui bourdonnent, je comprends que le monsieur est retourné chez lui avec son chien. Il s'est rendu compte que, hier, il portait un autre veston. Il a donc fouillé dans l'autre veston et il a trouvé, eh oui ! il a trouvé la perle qui y était tombée pendant qu'il passait tout près de moi sur le trottoir !

J'avais encore raison !!!!!!!!!!!!!!!
Avec quinze points d'exclamation.

En me souriant de toutes ses dents, le monsieur fouille dans la poche de son pantalon, en sort un beau mouchoir brodé, le déplie lentement et me montre la perle :

— C'est bien ce que vous cherchiez, chère demoiselle Noémie ?

Je… Je… Je n'en crois pas mes yeux. La perle manquante n'est plus manquante. Elle est là, devant moi ! C'est merveilleux, incroyable, fantastique ! Et encore plus, jusqu'à l'infini des superlatifs inimaginables !

En essayant de me calmer, je réponds :

— Oui, oui, oui, c'est exactement ce que je cherchais! Merci, monsieur! Merci, monsieur! Merci, monsieur!

Puis, ne pouvant me retenir plus longtemps, je m'approche, et du bout des doigts, je m'empare de ce trésor tout rond, tout blanc, tout chaud. La directrice, en très bonne directrice, joue à la directrice en donnant cette directive très directive:

— Bon, alors tout est bien qui finit bien! Maintenant, il faut retourner en classe!

Le gentil monsieur regarde la directrice, me regarde et ajoute en levant l'index:

— Il y a juste un tout petit problème...

Non, non, non, c'est pas vrai? Qu'est-ce qu'il y a encore? La directrice fronce les sourcils. Moi, j'écarquille les yeux. Le gentil monsieur fouille encore dans le fond de sa poche, déplie un autre mouchoir et en sort une autre perle :

— Il n'y avait pas une mais *deux* perles dans mon veston !

Je n'en reviens pas. Je ne comprends plus rien de rien. Je réfléchis pendant que la directrice s'impatiente en pianotant fébrilement sur le dessus de son bureau. Je regarde la nouvelle perle, qui est exactement comme les autres perles du collier. Alors, je dis :

— Je croyais qu'il manquait cinq perles. En fait, il en manquait six !

Et là, en prononçant cette phrase, un immense doute germe

dans mon esprit. Et s'il en manquait une septième? Une huitième? Une neuvième? Je n'en peux plus. Mon esprit déraille. Je vais devenir complètement folle.

Devant le gentil monsieur et devant la directrice, je saisis la dernière perle et je quitte le bureau sans rien dire. À la vitesse de l'éclair, je remonte l'escalier, cours dans le corridor, ouvre la porte de ma classe, me précipite à mon bureau et m'empare de mon sac à dos. Je l'enfile puis je quitte la classe en disant à mon professeur:

— Excusez-moi! J'ai une urgence!

Je n'ai pas fait dix pas dans le corridor que j'arrive face à face avec la directrice. Elle me bloque le passage :

— Noémie, qu'est-ce que tu fabriques encore ?

— J'ai une urgence !

— Une urgence de quoi ?

— Je dois me rendre chez le bijoutier pour vérifier s'il ne manque pas d'autres perles au collier !

Exactement comme si je n'avais rien dit, exactement comme si j'étais une marionnette, la directrice me prend par les épaules et me fait faire demi-tour. Elle me donne une petite poussée dans le dos en ajoutant :

— Tu retournes dans ta classe im-mé-di-a-te-ment ! Tu feras ce que tu voudras à la fin des cours !

Je me retourne pour parler, discuter, dialoguer, négocier, parlementer, mais il est impossible de tenter le moindre rapprochement. La directrice, le bras tendu et le doigt pointé, me fait signe de retourner dans ma classe.

Je n'ai pas le choix. En bougonnant, je retourne à mon bureau.

Je ronchonne pendant tout l'avant-midi. Je grogne pendant tout l'après-midi. Je ne fais que bougonneronchonnegrogner… en attendant fébrilement que la cloche annonce la fin des cours. Ensuite, j'ai bien l'intention de me précipiter chez le bijoutier… pour y faire vérifier et remonter le collier… pour savoir s'il ne manque pas d'autres perles.

Après plusieurs éternités d'attente, DRIIIING ! la cloche résonne pour annoncer la fin des cours. Comme propulsée par un ressort invisible, je bondis, quitte ma classe, descends l'escalier en survolant les marches, ouvre la porte qui mène dehors et m'arrête net sur le perron. Non, c'est pas vrai !? C'est pas vrai... Gloups ! Re-gloups ! Et re-re-gloups ! Le sourire aux lèvres, grand-maman m'attend sur le trottoir !

-16-
Surprise chez le bijoutier

En apercevant grand-maman devant l'école, je manque de tomber dans les pommes… les patates… les tomates… Pour la cent millième fois depuis hier, mes genoux deviennent semblables à de la réglisse molle. Je m'approche :

—Grand-maman, qu'est-ce que vous faites là ?

—Je voulais t'inviter à prendre une crème glacée.

—Euh, merci, mais je n'ai pas faim.

—Bon, aimerais-tu aller au parc ?

— Euh, non merci, je n'ai pas le goût de jouer.

— Bon, voudrais-tu aller magasiner?

— Euh, non merci, j'ai tout ce qu'il me faut…

— Bon, est-ce que quelque chose te ferait plaisir?

— Euh, non merci, je…

Je suis coincée. Je ne sais plus quoi dire. Je voudrais juste que grand-maman disparaisse pour quelques minutes… À ce moment, Mélinda passe tout près de moi. J'en profite pour la saisir par le bras et lui lancer:

— J'arrive toute de suite, Mélinda!

Mon amie me regarde avec étonnement. Moi, je la fixe au

fond des yeux pour qu'elle comprenne mon message :

— Mélinda, nous allons faire nos devoirs chez toi, immédiatement !

Elle me regarde avec encore plus d'étonnement, puis comprenant mon appel au secours, elle répond :

— Ah oui, nos devoirs... Bien sûr !

Fiou ! J'embrasse grand-maman et je lui dis :

— Bon, alors je vais chez Mélinda et je reviens à la maison tout de suite après.

Grand-maman, qui ne se doute de rien, m'embrasse et me répond :

— Parfait! À tout à l'heure! Et n'oublie pas de me rapporter mon collier!

— Oui... Oui...

Mélinda et moi, nous nous sauvons en courant. Mon amie s'arrête au premier coin de rue pour me demander des explications:

— Noémie, pourquoi es-tu arrivée en retard ce matin? Pourquoi la directrice est-elle venue te chercher? Pourquoi es-tu repartie en courant? Quelle était l'urgence? Pourquoi es-tu revenue la mine basse? Pourquoi as-tu bougonné pendant le reste de la journée? Pourquoi faire nos devoirs chez moi?

Comme je n'ai pas le temps de lui expliquer la situation très complexe dans laquelle je me suis embourbée, je lui réponds en m'éloignant :

— Pourquoi? Mais parce que je suis Noémie ! Et si je n'étais pas moi, je ne serais pas comme ça !

J'abandonne Mélinda, perplexe, sur le coin de la rue. Puis je m'élance sur le trottoir sans même me retourner. Je cours et je cours et je cours jusqu'à la bijouterie. Mais cette fois, plutôt que de me cogner le front contre la vitre, j'appuie sur le bouton de la grosse sonnette. BZZZ ! La porte s'ouvre. J'entre dans la bijouterie. Le cœur battant, je m'approche du comptoir.

— Bonjour, ma petite !

— Bonjour, monsieur le bijoutier !

Sans perdre une seconde, j'ouvre mon sac à dos, je sors mon étui à crayons et je dépose toutes les perles dans une sorte de petite assiette recouverte de feutre. J'y ajoute les perles que j'ai retrouvées, puis je dis :

— Bon, voilà, pourriez-vous remonter ce collier, s'il vous plaît, avec un nouveau fil ?

Puis, au bord de la panique la plus totale, j'ajoute :

— Et pouvez-vous me dire s'il manque des perles ?

— Sans problème, dit le bijoutier. Ce sera vingt dollars !

— QUOI ? Vingt dollars ?

— Oui, pour le fil.

— Pour un petit fil de rien du tout ?

— Mais ce n'est pas un petit fil de rien du tout, c'est un fil en kevlar de trois millimètres !

— Mais je n'ai pas vingt dollars ! Vous n'auriez pas un fil moins dispendieux ?

— Mais on n'enfile pas un collier de cette valeur sur un fil bon marché ! Ça ne se fait pas !

Le bijoutier lève les yeux au ciel, réfléchit et finit par me demander :

— Es-tu capable de laver des vitres ?

— Pardon ?

— Es-tu capable de laver des vitres ?

— Qu'est-ce que vous voulez dire ?

Il se penche derrière son comptoir et se relève en tenant

une bouteille de lave-vitres ainsi qu'un chiffon. Il me dit en souriant :

— Nous allons faire un échange de services.

Je comprends tout. Je m'empare de la bouteille et du chiffon en disant :

— Vos comptoirs n'auront jamais été aussi propres, c'est moi qui vous le dis !

Le cœur joyeux et le cerveau plein d'angoisses, je vaporise du lave-vitres sur les comptoirs et les vitrines pendant que le bijoutier s'occupe du collier. C'est le presque plus beau moment de toute ma vie ! Tout va presque bien. Dans quelques minutes, je saurai s'il manque des perles. Si c'est oui, je fais une dépression nerveuse immédiatement. Si c'est

non, le problème du collier sera réglé. Ensuite je m'attaquerai au problème du voyage avec mes parents. Je réglerai ce problème… et ensuite, je n'aurai plus de problème du tout. C'est merveilleux, la vie!

Je frotte, je nettoie, j'astique. Les vitres deviennent tellement transparentes qu'on ne les voit plus. Les colliers, les bagues, les montres brillent tellement qu'ils ressemblent à de petits soleils.

Avant que j'aie terminé le troisième comptoir, le bijoutier se relève pour me dire :

— Voilà, ma belle ! Il ne manque aucune perle !

Je m'approche pour regarder le collier, le collier de cent mille dollars ! Il est parfait ! La joie et le bonheur explosent dans mon cœur. Je vais enfin pouvoir le remettre à grand-maman.

Le bijoutier se penche au-dessus du comptoir pour me demander :

— Veux-tu le porter?

— Euh oui ! Vous êtes certain qu'il est solide? Qu'il ne se brisera pas? Qu'il ne tombera pas? Qu'il ne…

En souriant de toutes ses dents, le bijoutier accroche le collier à mon cou. Je me regarde dans un grand miroir. Si je portais une longue robe, des souliers à talons hauts et une couronne, je ressemblerais vraiment à une princesse. La princesse Noémie!

Mais, comme je ne suis pas une princesse, je cache le collier sous le col de ma blouse. Je remercie mille fois le bijoutier. Je m'approche de la porte et là, mon cœur accélère dans ma poitrine. Je n'ose plus m'avancer. La peur me paralyse. Le bijoutier me demande:

— Que se passe-t-il?

— Rien, rien…

Il se passe que j'ai peur d'affronter le monde extérieur avec un trésor de cent mille dollars accroché à mon cou. Je redemande au bijoutier:

—Le fil est vraiment, vraiment très solide?

—Très solide!

—Je peux courir à toute vitesse sans qu'il se casse?

—Oui, tu peux courir! Il n'y a aucun danger.

—D'accord! Appuyez sur le bouton caché sous votre comptoir.

BZZZ… La serrure se déclenche. Le cœur battant comme celui d'une championne olympique qui doit courir le cent mètres de sa vie, je m'élance sur la porte, l'ouvre en vitesse, bifurque sur le trottoir et galope jusqu'à la maison. En courant, je pense à tous les malheurs qui pourraient m'arriver: le trottoir pourrait s'ouvrir et je pourrais tomber dans un piège conçu par des voleurs de perles. Le ciel pourrait s'ouvrir et des extra-terrestres pourraient s'emparer du collier. Moi, je pourrais m'ouvrir, devenir des milliers de petites Noémie qui s'éparpilleraient partout sur la surface de la Terre en cherchant les maisons de leurs grands-mères.

Deux minutes plus tard, j'arrive devant la maison. Par miracle, je n'ai croisé aucun voleur et je n'ai rencontré aucun malheur sur ma route. Le collier est encore solidement attaché à mon cou. Fiou! Je m'assois dans l'escalier pour reprendre mon souffle... et surtout pour réfléchir à mon

deuxième problème gros comme la galaxie : le voyage sans grand-maman.

Mais je n'ai pas le temps de réfléchir bien longtemps. L'automobile de mon père s'approche au ralenti... En voyant mes parents derrière le pare-brise je comprends qu'il y a un problème, un très gros problème. Mon père ne sourit pas. Ma mère n'a aucune expression dans la figure, ce qui veut dire qu'elle n'est vraiment pas de bonne humeur.

La voiture s'arrête. Mes parents en sortent et je comprends que ça va encore plus mal que mal. Le visage de mon père est blanc comme celui d'un fantôme. Celui de ma mère est tout gris. C'est effrayant à voir ! Pour leur changer les idées, je saute sur le trottoir. J'ouvre le collet de ma blouse en souriant :

— Regardez ! tout est arrangé pour le collier !

Aucune réaction de leur part ! Mes parents me fixent avec des yeux éteints de zombie. On croirait vraiment qu'ils sont vides à l'intérieur. Ils passent devant moi puis, l'un derrière l'autre, dans un silence de mort, ils entrent dans la maison et disparaissent derrière la porte.

Ça sent le drame, et même plus que ça ! Il règne une atmosphère de tragédie.

-17-
D'excellentes mauvaises nouvelles

Sur le trottoir, je vis un véritable dilemme. Je me demande si je vais monter tout de suite chez grand-maman pour lui remettre, enfin, son collier, ou bien si je vais entrer chez moi pour savoir ce qui se passe avec mes parents.

Comme je suis incapable de prendre une décision, je ramasse une pièce de monnaie dans le fond de ma poche. Pile : je vais voir mes parents. Face : je vais chez grand-maman…

Je lance la pièce dans les airs. Après avoir tournoyé quelques secondes elle retombe côté pile vers le haut. Donc je vais voir mes parents. Ensuite, j'irai porter le collier à ma grand-mère.

J'ouvre la porte d'entrée. Aucun bruit dans la maison… Je m'avance précautionneusement dans le corridor. Aucun bruit nulle part… J'arrive dans le salon… J'aperçois mes parents, assis chacun sur un canapé. Mon père, les deux coudes appuyés sur ses genoux, le cou étiré par en avant, bouge la tête de gauche à droite. Ma mère, les épaules tombantes, regarde au loin. Mais au loin, il n'y a rien d'autre que le mur du salon…

Je m'assois par terre sur un coussin :

— Qu'est-ce qui se passe ?

Comme seule réponse, mon père soupire et ma mère regarde encore plus loin, comme si elle voyait de l'autre côté du mur.

Je repose ma question :

— Quoi ? Qu'est-ce qui se passe ?

Deuxième soupir de mon père… même regard perdu de ma mère. Il n'y a pas de doute, mes parents vivent un drame épouvantable, un drame qui aura probablement des répercussions sur ma vie personnelle. GLOUPS !

Pour une fois, je décide de ne pas m'énerver et de poser des questions en ordre décroissant, c'est-à-dire en commençant par les plus terribles. Je leur demande d'abord si quelqu'un est mort. Ils me font signe que non. Est-ce qu'ils ont un problème de santé? Même signe négatif de la tête. Est-ce qu'ils ont perdu leur emploi? Même réponse négative.

Je leur demande s'il y a des problèmes avec la maison, avec la voiture… avec grand-maman… avec moi.

— Mais non, réplique mon père.

— …

Les trois petits points de suspension, c'est ma mère qui ne répond pas. Elle se lève tout à coup, va chercher un verre d'eau dans la cuisine et revient s'asseoir sur le canapé. Moi, je n'en peux plus:

— Bon, allez-vous finir par me dire ce qui ne va pas?

Mon père saisit le verre d'eau de ma mère. Il l'avale d'un trait... Glou... Glou... Glou... Puis, en faisant la moue, il me regarde et me dit cette phrase absolument délicieuse, cette phrase qui est si douce à mon oreille que je la croirais tapissée de peluche rose:

— Notre voyage est annulé!

Moi, ce n'est pas compliqué, je voudrais sauter au plafond, grimper dans un arbre, crier de joie dans un haut-parleur, mais, sans bouger, sans gigoter, sans même cligner des yeux, je demande:

— Comment ça, le voyage est annulé?

En retenant ses larmes, ma mère répond:

—Un terrible ouragan vient de se former dans le golfe du Mexique. Il devrait passer exactement à l'endroit où nous avions réservé… Tout est annulé pour des raisons de sécurité.

Mine de rien, je ramasse toutes mes énergies pour ne pas exploser sur place. En me mordant les joues pour ne pas crier de joie, je dis, sur le ton le plus neutre possible :

— C'est certain que la sécurité est très importante... Nous, à

l'école, on parle tous les jours de la sécurité, et malgré cela…

La bouche pincée, mes parents me dévisagent avec un air qui veut dire « Noémie, s'il te plaît, ne nous rebats pas les oreilles avec tes histoires ».

Alors, je me tais… Après quelques secondes d'un angoissant et magnifique silence, ma mère murmure pour ajouter encore plus de bonheur à ma joie, ou encore plus de joie à mon bonheur ou les deux à la fois multipliés par mille :

— En plus, il est impossible de faire d'autres réservations ailleurs. Il est trop tard !

Je ne peux m'empêcher de dire :

— Au moins, nous avons les affiches et les catalogues que

nous pourrons regarder… pour rêver un peu !

La bouche encore plus pincée, mes parents me regardent avec un air qui veut encore plus dire « Noémie, s'il te plaît, s'il te plaît, ne nous rebats pas les oreilles avec tes histoires ».

Ils font tellement pitié que je dis pour les encourager :

— Vous avez quand même économisé six mille dollars !!! C'est une belle somme avec laquelle vous pourriez m'acheter un nouveau vélo, un cheval, une soucoupe volante…

Mes parents se pincent encore plus les lèvres. Ils se ferment les yeux. Ils ne bougent plus…

Ne pouvant plus supporter le contraste qui existe entre leur profonde déception et mon immense bonheur, je me lève d'un bond et me dirige vers la porte d'entrée. Avant de quitter les lieux, j'entends mon père me dire :

— Noémie ! Pas un mot à grand-maman !

— Mais non, elle ne se doute de rien… D'ailleurs, elle ne se doute de rien à propos de tout !

Je referme la porte derrière moi et, une fois rendue sur le trottoir, je ne peux m'empêcher de crier ma joie, mon bonheur, mon allégresse ! Je crie plus fort que les oiseaux, plus fort que les klaxons, plus fort que le ciel, même si ça n'a aucun rapport.

À cette seconde précise de ma vie, TOUT VA BIEN!

Je me le répète en grimpant l'escalier qui mène chez grand-maman. Je me le répète en entrant chez elle, je me le répète dans le corridor et je me le répète en entrant dans la cuisine.

TOUT VA BIEN!

Grand-maman se berce. Le chat ronronne sur ses genoux. Le petit serin chante dans sa cage. Une lasagne cuit dans le fourneau.

TOUT VA BIEN!

En souriant, je dégage le collier de sous ma blouse. Grand-maman me dit:

—Mon Dieu Seigneur que tu es jolie!

— Euh, merci...

— Veux-tu le garder encore quelques minutes, ma belle princesse?

— Non, merci, j'ai eu assez de problè...

Mais je n'ai pas le temps de terminer ma phrase. En regardant le collier, grand-maman agrandit les yeux, puis elle fronce les sourcils en marmonnant:

— Mon Dieu Seigneur!

— Quoi? Qu'est-ce qu'il y a?

Grand-maman examine le collier, puis elle balbutie cette phrase qui me scie les deux jambes, les deux bras... et le cou. J'ai l'impression que le plancher s'ouvre sous mes pieds:

— Mais Noémie, ce n'est pas le collier que je t'ai prêté hier matin !

Je sur-sur-sur-panique au superlatif à triple tour !

-18-
Pour en finir une fois pour toutes

« Noémie… mie… mie… ce n'est pas… pas… pas… le collier… lier… lier… que je t'ai prêté… té… té… hier… ma… tin… tin… tin… »

La phrase de grand-maman résonne dans ma tête comme dans un baril vide. J'ai l'impression de me dénoémiser, de m'anti-dénoémiser, de me déboutonnoémiser…

Mon corps vide reste debout, planté comme un piquet dans la cuisine. J'essaie de réfléchir. Mille questions se bousculent dans mon cerveau. Mais qui a pu me voler ce collier, ou l'échanger ? Je ne sais pas, je ne sais plus. Je suis perdue. Le promeneur de chien ? Impossible ! La directrice de l'école ? Impossible ! Mes parents ? Impossible ! Le bijoutier ! Très possible !

Je... Je... Je suis tellement déboussolée que, probablement, je n'existe plus. On va me ranger dans le placard à balais et on va m'abandonner là. Ou bien, on va me placer sur le balcon arrière, comme une plante, et on va m'arroser une fois par semaine. J'ai l'impression que chaque cellule de mon corps devient aussi grosse qu'une planète et qu'un espace infini sépare chacune d'entre elles.

Pendant que j'essaie de penser à des solutions pour retourner chez le bijoutier avec mes parents, avec grand-maman, avec des policiers... Pendant que j'essaie de penser à toutes ces choses éprouvantes et angoissantes et paniquantes que j'ai vécues depuis hier, j'entends tout à coup un grand rire qui remplit la cuisine :

— HI ! HI ! HI ! et HA ! HA ! HA !

Je reviens à moi :

— Quoi ? Grand-maman ! Pourquoi riez-vous ?

— HI ! HI ! HI ! Tu devrais voir la tête que tu fais !

— Quoi, qu'est-ce qu'elle a, ma tête ?

— HI ! HI ! HI ! et HA ! HA ! HA !

— Quoi ? qu'est-ce qu'il y a de drôle ?

— Noémie, le collier...

— Quoi, le collier?

— C'était juste une farce!

Je suis tellement surprise que je ne réponds rien dans le grand vide que j'étais devenue. Grand-maman me prend doucement par les épaules:

— Mon Dieu Seigneur, Noémie, je ne comprends pas que tu ne comprennes pas que je blaguais. Comment veux-tu que ce ne soit pas le même collier? Tu l'as mis à ton cou hier matin, et tu me le redonnes aujourd'hui!

Je ne réponds rien. Je garde tous mes secrets pour moi... Mais je suis tellement chavirée que j'éclate en sanglots. De grosses larmes commencent à couler sur mes joues. Grand-maman me prend dans ses bras en répétant:

— Voyons, Noémie, ce n'est rien... Ce n'est rien...

— Snif... Snif... Snif...

Ce n'est rien pour elle parce que, justement, elle ne se doute de rien. Elle n'a pas connu toutes les angoisses que j'ai vécues pour retrouver les perles... Elle n'a pas connu toutes les paniques que j'ai vécues en essayant de trouver des solutions pour le voyage... Pendant que je me débattais comme une folle pour essayer de régler des problèmes qu'elle ignorait, elle, madame, elle se berçait en caressant son chat et en écoutant son serin.

— Snif... Snif... Snif...

Grand-maman me donne un mouchoir de poche. J'essuie mes yeux, mon nez, ma bouche. Je relève la tête, détache le collier de mon cou, le donne à grand-maman et lui dis :

— Vous devriez cacher tout de suite ce collier dans votre valise de souvenirs ou dans un coffre-fort.

Sans dire un mot, grand-maman trottine vers sa chambre. Elle revient avec la vieille valise, l'ouvre sur la table, fouille un peu, trouve une petite boîte dans la région des anciens souvenirs et y dépose le collier. Ensuite, en fouillant encore, elle me demande :

— Aimerais-tu que je te prête un beau bracelet ?

En imaginant tout ce qui pourrait arriver à ce beau bracelet, je réponds :

— Non merci !

— Aimerais-tu que je te prête de belles boucles d'oreilles?

En imaginant tout ce qui pourrait arriver aux belles boucles d'oreilles, je réponds:

— Non merci!

— Mon Dieu Seigneur, Noémie, est-ce que quelque chose te ferait plaisir?

— Oui! Faites disparaître cette valise de mes yeux!

— Pourquoi?

— Je... euh... À bien y penser, je n'aime pas tellement les vieilles valises rouges.

— D'accord, répond grand-maman.

Elle referme la vieille valise, la soulève par la poignée, et là, sans aucun avertissement de sa part, le destin frappe à nouveau!

C'est absolument incroyable ! Je n'en reviens pas !

-19-
La vie continue

La poignée de la vieille valise se décroche d'un côté. Remplie de souvenirs, elle pivote sur elle-même et vient se frapper sur le coin de la table. Crac ! L'autre bout de la poignée se brise à son tour. Pendant que grand-maman tient toujours la poignée dans sa main, la valise, au ralenti comme dans les films, commence à tomber.

Je crie :

— NON ! NOOOOON ! NOOOOOON ! C'EST PAS VRAI !!!???

J'essaie de la rattraper.

Mais je n'ai pas le temps de contourner la table.

CRAC ! Dans un terrible fracas, la vieille valise heurte le plancher, et à ce moment précis, il se produit ce qui ne devrait jamais se produire : les vieilles pentures cèdent. La valise s'ouvre comme une huître ! Pendant que grand-maman s'écrie « Mon Dieu Seigneur, de mon Dieu Seigneur ! », tous les objets contenus dans la valise sont projetés à l'extérieur. On croirait que les souvenirs de grand-maman sont devenus vivants et qu'ils veulent tous se sauver en même temps.

Des petites boîtes sont projetées contre le mur. Elles s'ouvrent et laissent apparaître toutes sortes de choses comme des médailles, des macarons, des médaillons. D'autres boîtes, sous l'impact, laissent échapper des pendentifs, des bracelets, des colliers, et ce n'est pas tout. Des bagues, des joncs, des anneaux roulent dans toutes les directions comme s'ils voulaient vraiment partir en voyage.

C'est la catastrophe ! Grand-maman écarquille les yeux. La bouche grande ouverte, une main sur le visage et l'autre tenant la poignée brisée, elle ne dit rien. Moi non plus d'ailleurs ! Nous restons là, toutes les deux, hébétées, sidérées… à regarder les vieux, les moyens et les nouveaux souvenirs, éparpillés, dispersés, disséminés, répandus, pêle-mêle, sens dessus dessous et autres synonymes.

En regardant le désastre, je m'assois sur une des chaises de la cuisine. J'essaie de ne pas penser aux heures, aux jours, aux semaines qui seront nécessaires pour retrouver tous les objets qui ont glissé sous le poêle, sous le réfrigérateur, dans toutes les fentes du plancher, et dans tous les recoins…

Je n'en peux plus !

Alors, complètement découragée par l'ampleur de la tâche à venir, je murmure à grand-maman :

—Nous ferions mieux de manger tout de suite afin de prendre des forces ! Ensuite, on verra.

—Bonne idée…

Armée du balai, grand-maman se fraie un chemin jusqu'à la cuisinière. Après avoir enjambé de nombreux souvenirs, elle sort enfin la lasagne du four. Elle remplit deux assiettes. Puis, sans rien dire, nous quittons les lieux du drame et nous nous rendons dans le salon.

En silence, nous nous installons devant le téléviseur.

J'appuie sur les boutons de la télécommande... CLIC! Un film ennuyant... CLIC! La météo des prochains jours... CLIC! CLIC! CLIC! Nous tombons sur un reportage, une émission spéciale concernant... non, c'est pas vrai... concernant des pêcheurs de perles! En les voyant plonger au fond de la mer, grand-maman s'exclame:

—C'est incroyable, tout ce travail, juste pour des perles!

—En effet...

Je me blottis contre ma grand-mère chérie d'amour. Pendant qu'elle s'extasie devant la télévision, moi, je réfléchis... et plus je réfléchis, plus je me dis que tout est bien qui finit bien: je vais passer de belles vacances en compagnie de ma grand-maman chérie d'amour. Nous n'irons pas au bord de la mer, mais ce n'est pas grave. Nous resterons ici, chez elle. Nous jouerons aux pirates et aux explorateurs et aux aventuriers en cherchant les trésors éparpillés aux quatre coins de la maison, qui deviendra comme une île déserte... Le serin se transformera en perroquet. Le chat en

monstre effrayant. La baignoire deviendra l'océan. Nous ferons des châteaux avec des colliers de perles. Nous jouerons à la princesse avec des bagues, des bracelets, des pendentifs…

Et à la fin, nous achèterons une belle valise pour y ajouter nos nouveaux souvenirs !

© Martine Doyon

GILLES TIBO

llustrateur pendant plus de vingt ans, Gilles Tibo à, un jour, délaissé les images pour les mots. Enthousiasmé par l'aventure de l'écriture, il a créé de nombreux personnages pour tous les âges et tous les publics. Ses livres, traduits en plusieurs langues, lui ont valu de nombreux prix tant au Canada qu'à l'étranger. Nous lui devons plusieurs séries à succès, dont la plus célèbre : la série des *Noémie*, déjà appréciée par des centaines de milliers de lecteurs.

© Marc Riverain

LOUISE-ANDRÉE LALIBERTÉ

Quand elle était petite, pour s'amuser, Louise-Andrée Laliberté inventait toutes sortes d'histoires pour décrire ses gribouillis maladroits. Maintenant qu'elle a grandi, les images qu'elle crée racontent elles-mêmes toutes sortes d'histoires. Louise-Andrée crée avec bonne humeur des images, des décors ou des costumes pour les musées et les compagnies de publicité ou de théâtre. Tant au Canada qu'aux États-Unis, ses illustrations ajoutent de la vie aux livres spécialisés et de la couleur aux ouvrages scolaires ou littéraires. Elle illustre pour vous la série Noémie.

SÉRIE NOÉMIE

Noémie a sept ans et trois quarts. Avec madame Lumbago, sa belle grand-maman d'amour en chocolat, Noémie apprend la vie. Au cours des différentes aventures, pleines de rebondissements et de péripéties, notre jeune héroïne découvre la tendresse, la complicité, l'amitié, l'amour et la persévérance… Coup de cœur garanti !

GARANT DES FORÊTS INTACTES

L'impression de cet ouvrage sur papier recyclé a permis de sauvegarder l'équivalent de 48 arbres de 15 à 20 cm de diamètre et de 12 m de hauteur.

Achevé d'imprimer au Canada
en août 2010
sur les presses de Imprimerie Lebonfon Inc.